HEYNE <

Katharina Hoffmann

Erfolgreich im Vorstellungsgespräch

Wie man sich perfekt vorbereitet und alle Fragen souverän beantwortet

WILHELM HEYNE VERLAG · MÜNCHEN

HEYNE RATGEBER
08/5460

Umwelthinweis:
Dieses Buch wurde auf chlor- und
säurefreiem Papier gedruckt.

Originalausgabe 05/2004

http://www.heyne.de
Printed in Germany 2004
Konzeption & Realisation: ABC Medienagentur
Miriam Schmidt, Augsburg
Redaktion: Dunja Reulein, München
Umschlaggestaltung: Eisele Grafik-Design, München
Satz: Christine Roithner Verlagsservice, Breitenaich
Druck: GGP Media, Pößneck

ISBN 3-453-88012-9

Inhalt

Kapitel 1

Ein wichtiges Gespräch mit besonderen Regeln

Sie haben eine Einladung zu einem Vorstellungsgespräch erhalten? Sie dürfen sich gratulieren, denn damit gehören Sie zum engsten Kreis der Bewerber um diese Stelle und haben wahrscheinlich bereits 90 Prozent Ihrer Konkurrentinnen und Konkurrenten hinter sich gelassen. Das Unternehmen hält Sie grundsätzlich für geeignet, die offene Stelle auszufüllen. Allerdings dürfen Sie nicht denken, Sie hätten es jetzt schon geschafft. Denn anders herum betrachtet sind die verbliebenen 10 Prozent schließlich auch Ihre härtesten Konkurrenten um die Stelle. Der Betrieb hält nach seinen bisher gewonnenen Eindrücken *alle* Kandidatinnen und Kandidaten, die er zum Vorstellungsgespräch einlädt, für mehr oder weniger gleich geeignet.
Zustande gekommen war der Kontakt mit dem Stellenanbieter durch ein Stellenangebot, eine freie Bewerbung Ihrerseits, Ihr eigenes Stellengesuch oder eine Stellenvermittlung, und Sie hatten sich in aller Regel schriftlich beworben (sei es vollständig, sei es in Kurzform), in selteneren Fällen vielleicht auch nur telefonisch oder Sie hatten bei einfacheren Tätigkeiten womöglich sogar direkt vorgesprochen.
Was auch immer zuvor gewesen ist: Mit den Vorstellungsgesprächen beginnt eine ganz neue Runde, in der andere Dinge wichtig werden und in der alle verbliebenen Bewerberinnen und Bewerber wieder bei Null anfangen und mit den gleichen Chancen an den Start gehen. Aufgrund dieser Gespräche wird die Entscheidung über die Stellenvergabe fallen.

Worum es geht

Der harmlose Klang der Bezeichnungen »Vorstellungsgespräch« oder auch »Interview« führt leicht auf eine falsche Fährte. So mancher Bewerber scheint anzunehmen, es ginge hier um ein unverbindliches Kennenlernen zur Abrundung der Bewerbungsunterlagen oder eine neutrale Erkundung der persönlichen Vorlieben des Bewerbers.
In Wirklichkeit begibt er sich jedoch in die abschließende und alles entscheidende Runde einer Verhandlung.
Es ist sicher hilfreich, sich zu Beginn die jeweiligen Ziele der beiden Gesprächspartner vor Augen zu führen:

- Für Sie als *Bewerber* ist die Annahme einer Stelle in aller Regel eine weit reichende Entscheidung mit Auswirkung auf praktisch alle Lebensbereiche. Als Ziel sehen Sie sicher zunächst einmal: Ich will diese Stelle haben, also muss ich das Unternehmen von meiner Eignung überzeugen. Auf der anderen Seite bietet Ihnen das Gespräch aber auch die Möglichkeit, letzte Informationen zu beschaffen, die für Ihre Entscheidung wichtig sind, ob Sie die Stelle auch wirklich wollen oder nicht.
- Auch für den *Betrieb* stellt eine Personaleinstellung mit ihren dauerhaften Folgekosten stets eine sehr weit reichende Entscheidung dar – es handelt sich nüchtern ausgedrückt um eine bedeutende langfristige Investitionsentscheidung. Für das Unternehmen steht daher zunächst einmal im Vordergrund, sich über die Vorzüge und Nachteile der unterschiedlichen Bewerber ein Bild zu verschaffen. Auf der anderen Seite muss aber auch der Betrieb für sich werben, will er die interessantesten Bewerberinnen und Bewerber auch wirklich für sich gewinnen.

Werben und informieren also – letztlich stehen Sie vor einem Verkaufsgespräch, ob Sie es wollen oder nicht. Aber keine Angst, auch wenn Sie es vielleicht nicht gerade für Ihre Stärke halten, sich selbst gut zu verkaufen. Es geht hier zumindest nicht um lautstarke Reklame, dafür ist eine Stellenbesetzung eine zu wichtige Angelegenheit. Sachliches Überzeugen führt hier eher zum Ziel.

Vorbereitung lohnt sich

Vorstellungsgespräche verlaufen nach ganz eigenen Regeln, deren Einhaltung unausgesprochen erwartet wird. Daher ist es eine kluge Entscheidung, sich vorab genau darüber zu informieren.

- Sie werden sehen: Es macht sich auf jeden Fall bezahlt, sich gut *vorzubereiten*, sowohl in Hinblick auf den voraussichtlichen Inhalt des Gesprächs als auch in ganz praktischer Hinsicht, von der Terminplanung bis zur Wahl Ihrer Bekleidung.
- Es verleiht Sicherheit, vorab etwas über den *äußeren Rahmen* zu erfahren, in dem Ihr Gespräch verlaufen wird, von den voraussichtlichen Gesprächspartnern bis zum typischen Ablauf.
- Ganz wichtig dann: der *Inhalt* des Gesprächs, von den Themen bis zu den zu erwartenden Fragen und der richtigen Art zu antworten – auch auf heikle Fragen.
- Und richtig spannend wird's dann *nach dem Gespräch*: Wie fällt die Entscheidung aus, und was ist dann zu beachten, sei es im Fall einer Zusage oder auch einer Absage?

Dieser Ratgeber will Ihnen zeigen, wie Sie die verbleibende Zeit bis zum Gespräch am sinnvollsten nutzen, und Ihnen durch die Vermittlung der speziellen Regeln von Vorstellungsgesprächen dazu verhelfen, dass Sie mit der gebotenen Sicherheit in Ihr Gespräch gehen können.

Kapitel 2

Wie können Sie sich vorbereiten?

Vielleicht sagen Sie sich: »Nach meiner Erfahrung schadet es eigentlich nur, sich schon vor einem Gespräch zu viele Gedanken zu machen. Ich fahre sicher am besten, wenn ich ganz unbefangen an die Sache herangehe und spontan auf die jeweilige Situation reagiere.« Und für so manche private Gesprächssituation ist das auch genau die richtige Einstellung.
Beim Vorstellungsgespräch aber werden Sie mit dieser Methode scheitern. Denn Sie haben es hier nicht mit einem persönlichen Gespräch zu tun, sondern mit einer geschäftlichen Verhandlung. Und für den Erfolg in einer Geschäftsverhandlung ist gute Vorbereitung das A und O.
Auch wer als erfolgreiches Naturtalent Verhandlungen stets scheinbar ganz locker aus dem Stegreif führt, hat in Wirklichkeit seine Angebotsposition, seine Forderungen und seine Preisvorstellungen immer ganz klar im Kopf. Der Unterschied ist nur: Der eine hält seine Überlegungen gern schriftlich fest, die andere spielt Situationen vorher lieber rein in Gedanken durch. Darauf kommt es nicht an. Entscheidend ist nur, dass Sie Ihren Verhandlungstermin klipp und klar vorbereiten.

Aber wie genau sollte diese Vorbereitung nun aussehen? Da geht es zunächst um die inhaltlichen, dann aber auch um einige ganz praktische Fragen.

Verschaffen Sie sich vor Ihrem Gespräch in folgenden Punkten Klarheit:

- Was habe ich im Einzelnen alles zu bieten, das dem Stellenanbieter in unterschiedlichster Hinsicht nützlich erscheinen könnte?
- Was sind umgekehrt meine eigenen unabdingbaren Forderungen, die erfüllt sein müssen, damit ich die Stelle überhaupt annehmen würde?
- Zur Klärung, inwieweit die Stelle Ihre Anforderungen wohl erfüllen wird, sollten Sie schon im Vorfeld versuchen, so viele Informationen wie möglich über Stelle, Betrieb und Branche zusammenzutragen.
- Aus den anschließend noch offenen Punkten sollten Sie die Fragen zusammenstellen, die Sie im Vorstellungsgespräch klären wollen.
- Es ist durchaus sinnvoll, das ganze Gespräch vorher schon einmal durchzuspielen, sei es allein oder mit einem Partner.

Im Folgenden zunächst mehr zu den inhaltlichen Elementen einer sinnvollen Vorbereitung aufs Vorstellungsgespräch.

Überlegen Sie, was Sie zu bieten haben

Sie werden zwar vielleicht auch spontan in der Lage sein, die beruflich bedeutsamen Stationen Ihres Werdegangs im Großen und Ganzen wiederzugeben. Doch oft unterscheiden sich die beruflichen Lebenswege der verschiedenen Kandidatinnen und Kandidaten für eine Stelle gar nicht einmal so wesentlich voneinander (dies gilt ganz besonders für Ausbildungsplätze oder erste Stellen), und auch in jedem anderen Fall geht es Stellenanbietern in dieser letzten Stufe der Bewerberauswahl gerade um den entscheidenden Zusatz-

nutzen, den der oder die Einzelne ihnen bieten kann. Sie sollten daher nicht gezwungen sein, erst in der angespannten Situation des Vorstellungsgesprächs überlegen zu zu müssen, was Ihre Bewerbung im Vergleich zu Ihren Konkurrenten besonders herausheben und interessant erscheinen lassen könnte.
Stellen Sie daher vor Ihrem Gespräch zunächst einmal zusammen, welche einzelnen Argumente Sie aus Ihrem Lebensweg für die Bewerbung um diese Stelle herleiten können. Denken Sie dabei an die folgenden sieben großen Bereiche:

- Ihre Ausbildung (von Schule über Dienstzeiten und Lehre bis Studium)
- Praktische Erfahrungen
- Zusatzqualifikationen
- Besondere Kenntnisse und Fertigkeiten
- Ihre persönlichen Eigenschaften
- Aktivitäten in Ihrer Freizeit
- Persönliche Kontakte.

Die folgenden Checklisten sollen Sie auf Ideen bringen, wie die Argumente aussehen können, die Sie aus Ihrem Lebenslauf für das Vorstellungsgespräch ableiten können.

Ihre Ausbildung

Ihre Ausbildung stellt die Grundlage Ihrer Qualifikation dar. Sie zählt zu Ihrem wertvollsten Kapital.
Im Allgemeinen ist dabei Ihr aktuellster und höchster Abschluss am wichtigsten.
Das Unternehmen interessiert aber nicht nur, welche einzelnen Stationen Sie vorweisen können, Argumente liefern Ihnen auch die konkreten Einzelheiten aus Ihrer Ausbildungszeit.
Was könnte also interessant sein?

Checkliste:

	(☑)
Ihr höchster Schulabschluss	❑
Wehr- oder Zivildienst absolviert? Interessante Qualifikationen erworben?	❑
Freiwilliges soziales oder ökologisches Jahr, Au-pair-Zeit oder Ähnliches?	❑
Berufsausbildung	❑
Studium	❑
Besonderheiten auf dem Bildungsweg, die zum Beispiel Eigenschaften wie Fleiß oder Ehrgeiz demonstrieren können (in Abendschulen nachgeholte Abschlüsse und Ähnliches)	❑
Die Abschlüsse der jeweiligen Stationen	❑
Gute Noten, vielleicht zumindest in Teilbereichen?	❑
Schwerpunkte, Spezialgebiete, die für die Stelle Bedeutung haben könnten (zum Beispiel Leistungskurse, Diplomarbeit)	❑
Aktivitäten, die gesellschaftliches Engagement zeigen (von der Tätigkeit als Klassensprecher bis zur Mitarbeit in Studentenvertretungen)	❑

Bedenken Sie bei der Zusammenstellung Ihrer Argumente stets: Der Betrieb soll den Eindruck gewinnen, dass die jeweilige Qualifikation für ihn nützlich ist.

Praktische Erfahrungen

Unternehmen schätzen praktische Erfahrungen besonders hoch ein. Auch als Berufsanfänger können Sie hier durchaus etwas vorzuweisen haben, denn es muss sich nicht immer nur um einschlägige Berufserfahrung handeln.
Positiv ist bereits der Eindruck: Hier ist jemand, der arbeiten kann und will.
Was können Sie in dieser Richtung anführen?

Checkliste:

	(☑)
Berufserfahrung, sei es angestellt, sei es selbstständig; je mehr Bezug zur Stelle, desto besser.	❑
Relevante praktische Tätigkeiten während einer Berufsausbildung.	❑
Praktische Arbeitserfahrung während Zivildienst, Bundeswehrzeit, freiwilligem Jahr oder Au-pair-Zeit.	❑
Praktika, Volontariate etc.	❑
Ferienjobs, Aushilfstätigkeiten und Ähnliches.	❑

Stellen Sie auch hier die Nützlichkeit Ihrer Praxiserfahrungen für diese Stelle dar.

Zusatzqualifikationen

Über das Übliche hinausgehende Zusatzqualifikationen könnten genau das entscheidende Plus sein, das Ihre Kandidatur aus der Masse der anderen heraushebt.
Beispiele hierfür sind:

Checkliste:

	(☑)
Fachliche Fort- und Weiterbildungen, von Seminaren und Lehrgängen bis zur Meisterausbildung.	❑
Arbeitsgemeinschaften, freiwillige Kurse, Wahlfächer etc., die Sie während Schule, Dienstzeiten oder Studium besucht haben.	❑
Wenn Sie in Ihrer Freizeit Kurse an der VHS absolviert haben, kann das in machen Fällen durchaus erwähnenswert sein (wenn es sich zum Beispiel um Sprachkurse, Computerkurse oder sonstige beruflich verwertbare Themen handelte).	❑

Neben den erworbenen fachlichen Qualitäten selbst vermitteln solche Fortbildungen auch den Eindruck von Interesse und Engagement, sodass sie meist erwähnenswert sind, auch wenn nicht gleich ein direkter Bezug zur Stelle sichtbar wird.

Besondere Kenntnisse und Fertigkeiten

Ganz gleich, ob angeborenes Talent oder durch einen Kurs erworben – Ihre besonderen Kenntnisse und Fähigkeiten können auf einer Arbeitsstelle von großer Bedeutung sein. Jeder hat seine eigenen Stärken, je nach Tätigkeit können alle von Belang sein. Die folgenden Fertigkeiten erwecken besonders häufig Interesse:

- Fremdsprachenkenntnisse
- Computerkenntnisse
- Maschinenschreiben
- Textverarbeitung.

Lassen Sie sich von der Liste anregen, Ihre eigenen besonderen Kenntnisse und Fähigkeiten herauszuarbeiten, die Sie im Wettbewerb um die Stelle geltend machen wollen.

Ihre persönlichen Eigenschaften

Ein Bereich, der besonders schwer objektiv zu fassen und erst recht zu belegen ist, dennoch sind es gerade die persönlichen Eigenschaften, die für den Erfolg im Berufsleben ganz entscheidend sind. Und gerade deshalb werden sie im Vorstellungsgespräch im Mittelpunkt stehen, denn hierüber sagen die schriftlichen Unterlagen nichts aus.
Ihnen selbst sollten Ihre positiven und negativen Eigenschaften möglichst klar sein. Daher sollte im Vorfeld des Gesprächs die Bestandsaufnahme so ehrlich wie möglich ausfallen. Im Gespräch

selbst wird es dann darum gehen, die Stärken und Schwächen bestmöglich zu verkaufen.
Nachfolgend einige Beispiele für persönliche Eigenschaften, die im Berufsleben vielfach eine Rolle spielen, wobei je nach Tätigkeit anderes gefragt ist. So muss ein Buchhalter kein Verhandlungsgeschick aufweisen, und ein Verkäufer muss nicht unbedingt gewissenhaft sein:

- Ehrgeiz
- Verhandlungsgeschick
- Fleiß
- Belastbarkeit
- Durchsetzungsvermögen
- Ehrlichkeit
- Teamfähigkeit
- Ausdauer
- Initiative
- Kreativität

Fragen Sie im Zweifel Personen, die Sie gut kennen, welches Ihre hervorstechenden Eigenschaften sind, in positiver wie in negativer Hinsicht.

Aktivitäten in Ihrer Freizeit

Auch aus dem, was Sie in Ihrer Freizeit tun, können Sie unter Umständen Eigenschaften ableiten, die für einen Stellenanbieter interessant sind. Denken Sie daran, wenn Sie im Gespräch nach Hobbys und Freizeitbeschäftigungen gefragt werden. Es mag Ihrem Gesprächspartner zwar nur darum gehen, ein abgerundetes Bild von Ihrer Persönlichkeit zu gewinnen, Sie sollten aber bei Ihrer Antwort daran denken, dass Ihre Aussagen zumindest nicht mit den Anforderungen der Stelle in Konflikt geraten (ein Manager, der keine anderen Interessen hat als Romane zu lesen, ergibt kein glaubwürdiges Bild). Im Idealfall führen Sie hier Aktivitäten an, die ein Zusatzargument für Ihre Einstellung liefern. Hier einige Hinweise:

- Ehrenamtliches Engagement, von Rotem Kreuz bis zur Kirche, kann Ihre Eignung für Tätigkeiten unterstreichen, in denen soziale Kompetenz verlangt wird.
- Interessen wie Sport, Handwerk und Musik werden generell gut aufgenommen.
- Vorsicht ist dagegen geboten bei gefährlichen oder zeitraubenden Hobbys, denn es kann bei Ihrem Gesprächspartner leicht zu dem Verdacht kommen, dass Ihre Tätigkeit im Betrieb darunter leiden könnte.

Bereiten Sie sich auf Fragen nach Ihren Freizeitaktivitäten vor und beachten sie dabei, dass Ihr Gesprächspartner höchstwahrscheinlich ein, zwei Sätze darüber mit Ihnen austauschen will. Dazu sollten Sie in der Lage sein.

Persönliche Kontakte

Wenn eine Person, deren Wort im Unternehmen etwas zählt, bereit ist, ein gutes Wort für Sie einzulegen, weil sie oder er gute Erfahrungen mit Ihrem Arbeitsverhalten gemacht hat, dann haben Sie damit eines der stärksten Argumente zu Ihren Gunsten. Viele Stellenanbieter messen solchen persönlichen Empfehlungen hohes Gewicht bei. Es lohnt sich auf jeden Fall gründlich zu überlegen, ob Sie hier jemanden ins Gespräch bringen können. An folgende Personen könnten Sie denken:

- Besonderes Gewicht haben Aussagen ehemaliger Vorgesetzter und Geschäftspartner, eventuell auch Kollegen.
- Denken Sie auch an Lehrer, Ausbilder, Professorinnen.
- Vielleicht gibt es im Bekannten- und Verwandtenkreis Personen, die im gleichen Bereich tätig sind?

Es ist auf jeden Fall gut, mögliche Empfehlungsgeber vor dem Gespräch zu informieren. Vielleicht werden diese dann sogar selbst aktiv.

Wenn Sie nun aus allen sieben Bereichen zusammengestellt haben, was Sie zu bieten haben, dann wissen Sie nicht nur über sich selber besser Bescheid, sondern Sie haben auch alle Argumente für Ihre Bewerbung um die Stelle parat. Im eigentlichen Gespräch müssen Sie dann aber auch darauf achten, Ihre Stärken an den Mann oder an die Frau zu bringen.

Machen Sie sich auch Ihre Schwachstellen bewusst

Sie werden bei der Zusammenstellung Ihres Angebotskatalogs allerdings an der einen oder anderen Stelle gemerkt haben, dass es durchaus auch Dinge gibt, die nicht unbedingt für Sie sprechen.
Auch Ihre Schwachstellen sollten Sie systematisch sammeln. Nicht, um sie im Gespräch weiterzugeben, sondern um eine Strategie entwickeln zu können, wie Sie im Gespräch damit umgehen können, wenn Sie unversehens mit solch dunklen Punkten konfrontiert werden.
Mit welchen Punkten könnte es vor allem Probleme geben?

- ***Noten:*** Schlechte Ergebnisse insbesondere in Abschlusszeugnissen von Schule und Hochschule werden mit einiger Sicherheit zu Rückfragen führen. Noch problematischer sind unvorteilhafte Beurteilungen in Arbeitszeugnissen.

- ***Abbrüche:*** Falls Sie eine Ausbildung oder eine Berufstätigkeit abgebrochen und sich anschließend neu orientiert haben, dürfen Sie sich sogar darauf verlassen, dass das im Gespräch zum Thema wird.

- ***Lücken:*** Das Gleiche gilt, wenn zwischen zwei Stationen Ihres Lebenslaufs mehrmonatige Lücken liegen. Sie selber wissen natürlich, wie es dazu gekommen ist, und dass es womöglich eine ganz logische Erklärung gibt, aber Sie müssen sich in Ihren Gesprächspartner versetzen, der Ihre damalige Situation ja nicht miterlebt hat. Suchen Sie deshalb ganz bewusst nach Übergängen, die sich für einen uneingeweihten Betrachter als erklärungsbedürftige Lücken darstellen könnten.

- ***Dienstpflichten:*** Männliche Bewerber sollten sich auch tunlichst auf Nachfragen einstellen, wenn noch kein Wehr- oder Zivildienst abgeleistet ist.

- ***Ungewöhnliche Entscheidungen:*** Und auch alle sonstigen irgendwie aus dem üblichen Rahmen fallenden Lebensentscheidungen sind immer für eine Nachfrage gut, von früher Elternschaft über das vorübergehende Aussteigen nach dem Studium bis zum Jahr als Au-pair in Frankreich.

Sie wurden zwar zum Vorstellungsgespräch eingeladen, es besteht also Interesse an Ihnen. Dennoch können sich Ihre Gesprächspartner notiert haben: Diesem Punkt muss ich aber im Gespräch auf den Grund gehen. Daher sollten Sie selbstkritisch nach heiklen Punkten Ausschau halten.

Entwickeln Sie für das Gespräch eine Strategie, wie Sie einige Schwachpunkte eventuell verheimlichen können, wie Sie andere überzeugend erklären oder sie womöglich sogar, indem Sie dazu stehen, geradezu in Stärken verwandeln können.

Um solche Fragen der Gesprächsstrategie geht es im siebten Kapitel.

Werden Sie sich über Ihre eigenen Ansprüche klar

Was Sie dem Unternehmen zu bieten haben, wissen Sie jetzt. Was aber hat der Betrieb Ihnen zu bieten?
Hier sollten Sie zunächst Klarheit über Ihre eigenen Ansprüche gewinnen. Denn nur wer glaubhaft vermitteln kann, dass die Stelle auch wirklich den eigenen Vorstellungen entspricht, hat die Chance, die Gesprächspartner zu überzeugen.
Denn man geht davon aus: Wer nicht wirklich hinter seiner Entscheidung steht, der wird schon bald lustlos arbeiten oder gar mit einem Stellenwechsel liebäugeln, das Unternehmen sähe sich dann mit schlechter Arbeit konfrontiert oder müsste das aufwendige Stellenbesetzungsverfahren sogar wieder von Neuem eröffnen. Das soll natürlich vermieden werden.

Die folgende Checkliste gibt Ihnen Anregungen, Ihre eigenen Forderungen zu formulieren.

Checkliste:

Tätigkeiten: (☑)
Legen Sie großen Wert darauf, viel mit Menschen zu tun zu haben? Oder wollen Sie vor allem Ihr erlerntes Fachwissen zur Anwendung bringen? Oder ist die Art der Tätigkeit nicht gar so wichtig, wenn andere Dinge stimmen, sei es das Geld, seien es die netten Kollegen? ☐

Entwicklungsmöglichkeiten:
Muss Ihre Stelle Aufstiegsmöglichkeiten bieten, die Aussicht auf eine Auslandstätigkeit oder abwechselnde Tätigkeitsfelder? Oder ist es Ihnen gerade recht, ein genau abgestecktes Tätigkeitsfeld zu haben, auf dem keine großen Änderungen zu erwarten sind? ☐

Bezahlung:
Für den einen ist ein hohes Einkommen das Wichtigste, die andere ist hier zu Abstrichen bereit, wenn die Tätigkeit selber interessant ist. Auf jeden Fall aber müssen Sie mit relativ klaren Preisvorstellungen ins Gespräch gehen. Informieren Sie sich über realistische Verdienstmöglichkeiten. ❑

Arbeitszeiten:
Haben Sie unabdingbare Forderungen oder sind Sie eher flexibel? Stichwörter sind Gleitzeit, zu erwartende Überstunden, Urlaubsregelungen, Schichtdienst, Nachtarbeit, Feiertagsarbeit, Teilzeit ... ❑

Kollegen:
Wenn Ihnen sehr wichtig ist, mit wem Sie künftig zusammenarbeiten müssen, sollten Sie im Gespräch versuchen, auch hierüber Informationen zu erhalten (etwa Alter der Kollegen, Frauenanteil oder Umgangston). ❑

Vorgesetzte:
Kommen Sie im Allgemeinen mit jedem zurecht oder ist es Ihnen sehr wichtig, dass ein guter Draht insbesondere zu Ihrer direkten Chefin beziehungsweise Ihrem direkten Chef besteht? ❑

Arbeitsplatz:
Ist Ihnen wichtig, dass die Ausstattung auf dem neuesten Stand ist (auch in gesundheitlicher oder sicherheitstechnischer Hinsicht), oder sind Sie hier zu Abstrichen bereit? ❑

Image:
Wie wichtig ist Ihnen der Ruf des Unternehmens oder der der ganzen Branche? ❑

Zukunftsaussichten:
Legen Sie viel Wert auf Sicherheit oder würden Sie auch in einem gefährdeten Betrieb, in einer Krisen-Branche arbeiten? ❑

Standort:
Machen Sie sich vorher ehrlich klar, ob Sie zu einem Wohnortwechsel bereit wären, wie Sie mit Pendeln zurechtkämen, ob Sie eine Trennung vom gewohnten Freundeskreis oder gar der Familie verkraften würden. ❑

Je genauer Ihre Ansprüche zu dem passen, was Sie über die Stelle in Erfahrung bringen werden, desto besser sind auch Ihre Aussichten, diese Stelle zu bekommen.

Wichtig ist vor allem, dass Sie mit klaren Vorstellungen ins Gespräch gehen, welche Forderungen für Sie unabdingbar sind, welche Bedingungen wünschenswert wären und wo Sie Kompromisse anbieten könnten. Falls Sie Ihre Vorlieben schriftlich ordnen wollen, können Sie dafür die unten stehende Tabelle nutzen.

Formulieren Sie Ihre eigenen Ansprüche an die Stelle

unabdingbar	*wünschenswert*	*kompromissfähig*
....	....	....
....	....	....
....	....	....
....	....	....
....	....	....
....	....	....
....	....	....
....	....	....
....	....	....
....	....	....

Informieren Sie sich über Branche, Betrieb und Stelle

Gewisse Grundvorstellungen haben Sie natürlich schon, denn Sie haben sich ja um die Stelle beworben. Die verbleibende Zeit bis zum Vorstellungsgespräch sollten Sie nutzen, um Ihre Informationen zu vertiefen.

Erstens können Sie auf diesem Wege schon im Vorfeld einiges darüber in Erfahrung bringen, inwieweit Ihre persönlichen Anforderungen von der Stelle erfüllt werden. Das Gespräch wird dadurch entlastet, und Sie gehen mit viel gezielteren Vorstellungen an die Sache heran, können sich auf die entscheidenden restlichen Fragen konzentrieren.
Zweitens gehen Ihre Gesprächspartner einfach von einem gewissen Informationsstand aus. Die Tatsache, dass Sie gut informiert sind, vermittelt den Eindruck von Interesse, und auf die Motivation eines Bewerbers legt der Betrieb allerhöchsten Wert.

Was Sie bezüglich Ihrer eigenen Ansprüche an Ihre künftige Stelle herausbekommen wollen, wissen Sie ja bereits. Bei der Frage, mit welchen Grundinformationen über Ihre künftige Stelle, das Unternehmen und die gesamte Branche Sie möglichst ins Gespräch gehen sollten, kann Ihnen die folgende Checkliste Hilfestellung leisten:

Checkliste:

Branche: (☑)
Sie sollten natürlich zunächst einmal im Großen und Ganzen über das Gebiet Bescheid wissen, auf dem das Unternehmen oder die Behörde tätig ist. ❑

Marktentwicklung:
Dazu gehört auch eine gewisse Vorstellung, ob es sich um ein Tätigkeitsfeld mit eher zunehmender oder abnehmender oder aber gleich bleibender Bedeutung handelt, ob es ein eher traditionelles oder ein relativ junges Geschäftsfeld ist. ❑

Marktposition:
Ist der Betrieb in diesem Bereich eher ein kleiner oder ein großer Teilnehmer, Marktführer oder Newcomer, hat er eine starke Position oder muss er kämpfen, wer sind die Hauptkonkurrenten? ❑

Rechtsform:
Es ist für Ihre spätere Tätigkeit, aber auch bereits für das Gespräch nicht unerheblich, ob Sie bei einem selbstständigen Einzelunternehmen arbeiten oder bei der Tochtergesellschaft eines größeren Konzerns. Oder aber auch bei einer Organisation oder Behörde, die ihrerseits wieder vorgesetzte Stellen hat oder aber umgekehrt weisungsberechtigt gegenüber anderen ist. ❑

Geschäftsführung:
Es macht immer einen guten Eindruck, wenn Ihnen Chefinnen und Chefs der Betriebsstelle oder der Zentrale namentlich bekannt sind. ❑

Größe:
Geläufige Maßstäbe für die Größe eines Betriebs sind der Jahresumsatz oder die Mitarbeiterzahl. Der Erfolg wird bei Unternehmen meist am Gewinn gemessen, der oft auch als Jahresüberschuss bezeichnet wird. ❑

Mitarbeiter:
Neben der ungefähren Zahl der Mitarbeiter in der Betriebsstelle und im Gesamtunternehmen könnte als weibliche Bewerberin die Frage für Sie interessant sein, wie hoch der Frauenanteil im Unternehmen ist. ❑

Produkt:
Selbstverständlich sollten Sie einiges über die Ware oder Dienstleistung wissen, die der Betrieb herstellt beziehungsweise anbietet. ❑

Tätigkeit:
Sie machen einen umso besseren Eindruck, je klarer Ihre Vorstellungen von Ihrer künftigen Tätigkeit bereits sind. ❑

Verdienstmöglichkeiten:
Sie müssen sich auf jeden Fall auch mit Informationen über realistische Gehaltsforderungen versorgen. ❑

Verzetteln Sie sich bei der Informationsbeschaffung nicht darin, möglichst viele Zahlen auswendig zu lernen. Es geht um einen informierten Gesamteindruck. Wenn Sie dann gelegentlich gezielt einen Namen oder eine Zahl ins Gespräch einstreuen können, unterstreichen Sie diesen Eindruck.

Unterschiedlichste Informationsquellen

Fragen Sie sich, woher Sie all diese Informationen in der Kürze der Zeit nehmen sollen? Es gibt mehr Möglichkeiten, als Sie vielleicht zunächst denken. Hier einige Tipps:

- ***Betrieb***: Information aus erster Hand hat natürlich der Betrieb selbst. Aber wie drankommen?

- Die meisten Unternehmen, Organisationen und Behörden haben ihren eigenen Auftritt im *Internet*. Die Internet-Adresse finden Sie auf dem Einladungsschreiben oder über Suchmaschinen (zum Beispiel www.Google.de). Hier können Sie sich in aller Regel eine große Menge an Informationen verschaffen.
- *Geschäftsberichte und Informationsbroschüren*, die sehr viele Betriebe veröffentlichen, sind eine ebenso gute Informationsquelle. Wenden Sie sich einfach an die Pressestelle, die Betriebe ab einer gewissen Größe meist haben. Es ist aber auch kein Problem, Ihre künftigen Gesprächspartner selbst zu fragen, denn es spricht nur für Sie, wenn Sie sich informieren wollen. Mitunter werden solche Informationen sogar direkt mit der Einladung zum Gespräch mitgeschickt. (Tipp: Ein Vorabgespräch mit Ihren künftigen Gesprächspartnern können Sie mit einigem Geschick sogar dazu nutzen, schon vor dem Termin einen ersten persönlichen Kontakt aufzubauen.)
- Nebenbei: Auch eine *Stellenanzeige* verrät bei gründlichem Lesen oft bereits eine Menge an Information.

- ***Veröffentlichungen***: Auch betriebsunabhängige Publikationen können interessante Informationen enthalten.

- Über Branchen, große Betriebe und Berufe gibt es zahlreiche *Bücher*. Die müssen Sie nicht einmal selber kaufen, auch in Stadtbüchereien und Uni-Bibliotheken ist vieles vorhanden. Sowohl Buchhändler als auch Bibliothekarinnen können Ihnen bei der Suche weiterhelfen.
- Ähnliches gilt für *Zeitschriften*. So gibt es für nahezu alle Berufe die Ihnen sicherlich bekannten »Blätter zur Berufskunde«, die vom Arbeitsamt veröffentlicht werden und ebenfalls in Bibliotheken vorhanden sind. Hier finden Sie auch Angaben über Verdienstmöglichkeiten. Gehaltsspiegel werden außerdem in unregelmäßigen Abständen in überregionalen Zeitungen veröffentlicht. Lesen Sie auch den Wirtschaftsteil der Zeitung.
- Und natürlich kann Ihnen bei der Suche nach Informationen über Branchen und Unternehmen auch das *Internet* weiterhelfen.

- ***Organisationen***: Auch Verbände und Interessenvertretungen verfügen über Informationsmaterial. Dazu zählen Industrie- und Handelskammern, Handwerkskammern, Innungen, eigene Verbände, über die praktisch jede Branche verfügt, aber auch Gewerkschaften sowie das Arbeitsamt. Bei der Suche kann Ihnen oft bereits das Telefonbuch weiterhelfen. Sie können Informationsbroschüren anfordern, mitunter in eigenen Bibliotheken nachlesen, vielleicht sogar telefonisch oder persönlich Auskunft erfragen. Da solche Organisationen nicht unbedingt auf Anfragen von Bewerbern eingestellt sind, müssen Sie mit einer gewissen Reserviertheit rechnen; lassen Sie sich davon nicht abschrecken.

- ***Bekanntenkreis***: Überprüfen Sie schließlich auch, ob irgendjemand aus Ihrem Bekanntenkreis vielleicht Kontakt zur Branche oder zum betreffenden Betrieb hat, von der Verwandtschaft über den Freundeskreis bis zu Lehrerinnen, Dozenten oder ehemaligen Kollegen.

Formulieren Sie Ihre Fragen fürs Gespräch

Eine Reihe von Fragen wird auch bei der gründlichsten vorherigen Informationsbeschaffung offen bleiben, insbesondere Dinge, die sehr direkt mit der künftigen Stelle, Kollegen, Arbeitsplatz, Konditionen zu tun haben. Aber dafür gibt es dann ja noch das Vorstellungsgespräch.

Überlegen Sie sich genau, welche Fragen Sie unbedingt klären müssen, um sich nach dem Gespräch fundiert entscheiden zu können. Gehen Sie dabei von der Liste Ihrer unabdingbaren und wünschenswerten Anforderungen aus. Die Gefahr ist recht groß, dass Sie ohne genaue vorherige Planung in der Aufregung des Vorstellungstermins etwas vergessen könnten. Außerdem sind Sie dann gewappnet, wenn sich Ihr Gegenüber erkundigt, ob Sie noch irgendwelche Fragen haben.

Es ist auch nichts dagegen einzuwenden, die wichtigsten Punkte stichwortartig schriftlich festzuhalten und diese Liste ins Gespräch mitzunehmen. Im Gegenteil, Ihre Gesprächspartner gewinnen dadurch sogar zusätzlich den Eindruck, dass Sie sich gut vorbereitet haben.

Versuchen Sie im Gespräch, nicht an Ihrer Liste zu »kleben«, das macht einen unvorteilhaften Eindruck. Und stellen Sie möglichst nur solche Fragen, die für Ihre Entscheidung wirklich wichtig sind; mit Erkundigungen nach der Länge der Frühstückspause verärgern Sie Ihre Gesprächspartner nur.

Hier zur Verdeutlichung einige Beispiele für Fragen, die so oder ähnlich auf Ihrer Liste stehen könnten:

Checkliste:

	(☑)
Genaues Aufgabengebiet	☐
Wie wird die Einarbeitung aussehen?	☐
Zukunftsaussichten im Betrieb in den nächsten drei, vier Jahren	☐
Verdienst	☐
Arbeitszeiten	☐
Einstellungstermin (Terminkollisionen beachten)	☐
Länge der Probezeit	☐
Mit wem werde ich zusammenarbeiten?	☐
Bin ich Mitarbeitern vorgesetzt?	☐
Wer ist mein unmittelbarer Vorgesetzter?	☐
Warum ist die Stelle eigentlich frei? (Unbedenklich zum Beispiel: neu geschaffen wegen Expansion; regelmäßige Einstellung von Nachwuchskräften; Vorgänger aufgestiegen oder in Ruhestand gegangen. Kritisch: keine glaubwürdige Auskunft, warum Vorgänger gegangen ist)	☐
Arbeitsplatzausstattung (Stand der Technik, Gesundheit, Sicherheit)	☐

➠ *Beachten Sie*, dass sich nicht jede Frage direkt stellen lässt. Manches ist eigentlich keine Frage, sondern Verhandlungssache (insbesondere das Gehalt gegen Ende des Gesprächs), manches finden Sie am besten heraus, indem Sie sich umsehen (die Stadt, die Arbeitsplatzausstattung, die künftigen Kollegen) oder aber aufmerksam auf Zwischentöne achten (Arbeitsatmosphäre, Umgangston, Grund für das Ausscheiden eines Vorgängers).
Wenn Sie sich Ihre Fragen aufgeschrieben haben, ist es übrigens auch kein Problem, einzelne Antworten rasch stichwortartig zu notieren. Vor allem aber müssen Sie sicherstellen, dass Sie am Ende des Gesprächs alle für Sie wesentlichen Fragen auch wirklich geklärt haben.

Eine Generalprobe

Wenn Sie die vorgeschlagenen Überlegungen angestellt haben, dürften Sie sich inhaltlich für Ihr Gespräch schon recht gut vorbereitet fühlen. Die Bedeutung dieses Termins rechtfertigt es aber durchaus, noch einen Schritt weiter zu gehen und das ganze Gespräch schon einmal im Voraus zu planen und zu üben. Sie können entweder *allein* ein mögliches Frage- und Antwortspiel in Gedanken durchgehen oder das Ganze *mit einer Partnerin oder einem Partner* durchspielen, die oder der die Rolle Ihres künftigen Gesprächspartners übernimmt.

- ***Allein***: Versuchen Sie in Gedanken möglichst konkret vorwegzunehmen, wie Sie die starken Argumente Ihres *Angebotskatalogs* präsentieren wollen, aber auch, wie Sie mit den *Schwachstellen* umgehen können, und überlegen Sie, wie Sie Ihre vorbereiteten *Fragen* zu formulieren gedenken.
  Gelegenheit, Ihre *Argumente in eigener Sache* vorzutragen (beziehungsweise auch *Schwachstellen* auszubügeln) erhalten Sie, wenn Sie gebeten werden, Ihren Lebenslauf vorzutragen oder aber konkret nach einzelnen Stationen Ihres Werdegangs gefragt werden. Denn zu nichts anderem dienen diese Fragen. Legen Sie sich daher zurecht, wie Sie Ihren *Lebenslauf im Ganzen* vortragen, und überlegen Sie, was Sie zu *einzelnen besonders wichtig erscheinenden Stationen* sagen würden. Worauf Sie dabei im Einzelnen achten sollten, verraten Ihnen die folgenden Kapitel dieses Buches. Im Allgemeinen wird es dabei stets darum gehen, die Bewerbung für diese Stelle plausibel zu machen, überzeugende Begründungen für Ihre Entscheidungen zu liefern und geschickt für sich Werbung zu treiben.
  Bei Ihren *eigenen Fragen* sollten Sie überlegen, was Sie direkt fragen wollen, wo Sie nur vorsichtig vorfühlen und auf Zwischentöne achten sollten und was Sie durch aufmerksames Beobachten klären können.

- ***Mit verteilten Rollen***: Wenn Sie die Möglichkeit zu einem kleinen privaten Rollenspiel haben, sollten Sie die Gelegenheit nutzen. Ihr zusätzlicher Gewinn besteht darin, dass Sie eine gewisse Rückmeldung erhalten. Interessiert das, was Sie erzählen wollen, Ihren Gesprächspartner überhaupt? Wirken Ihre Begründungen überzeugend? Gelingt es Ihnen bei kritischen Fragen, Zweifel auszuräumen und dabei eine harmonische Gesprächsatmosphäre aufrecht zu erhalten? Erscheinen Ihre eigenen Fragen angemessen formuliert?
  Ihre Gesprächspartnerin oder Ihr Gesprächspartner sollte den Schwerpunkt dabei ruhig darauf legen, unangenehme Fragen zu stellen. Wichtige Voraussetzung ist natürlich, dass die betreffende Person zumindest ein wenig damit vertraut ist, worum es in Vorstellungsgesprächen geht.

Kapitel 3

Was ist vorab praktisch zu bedenken?

Neben der inhaltlichen Vorbereitung sind auch noch einige ganz praktische Fragen zu klären, deren Bedeutung nicht unterschätzt werden sollte:

- Zunächst brauchen Sie einen Gesprächstermin. Sie werden sehen, dass ein Telefonat in diesem Zusammenhang aus verschiedensten Gründen zu empfehlen ist.
- Unpünktlichkeit beschert Ihnen einen ausgesprochen ungünstigen Start; Sie sollten deshalb einige Gedanken auf die Planung Ihrer Anreise verwenden, sei es mit dem eigenen Fahrzeug, sei es mit öffentlichen Verkehrsmitteln.
- Hierher gehört auch die Frage nach der richtigen Kleidung fürs Vorstellungsgespräch.
- Und schließlich sollten Sie sich überlegen, was Sie zu Ihrem Termin mitnehmen müssen.

Telefonieren nicht nur zur Terminvereinbarung

- ***Terminvereinbarung:*** Zunächst einmal brauchen Sie einen Termin für Ihr Gespräch.
  Üblicherweise macht das Unternehmen zusammen mit seiner Einladung auch gleich einen Terminvorschlag. Wenn möglich

sollten Sie diesen Vorschlag annehmen, auch in diesem Fall ist ein Anruf zur Terminbestätigung jedoch zu empfehlen.
Manchmal werden Sie in der Einladung aber auch aufgefordert, sich zur Vereinbarung eines Gesprächstermins selbst zu melden. Allerdings wird der Betrieb auch in diesem Fall recht enge eigene Terminvorstellungen haben, denn im Allgemeinen sollen alle Kandidatinnen und Kandidaten für die Stelle in einem relativ begrenzten Zeitraum gesichtet werden.
Wenn es sich einrichten lässt, sollten Sie versuchen, das Gespräch auf einen Tag zu legen, an dem Sie keine weiteren wichtigen Termine mehr haben, denn ein solches Interview fordert Ihre volle Konzentration, und es lässt sich nie vorhersagen, wie lange ein solches Treffen insgesamt dauert.
Organisieren Sie auch Ihre familiären Verpflichtungen (zum Beispiel Kinderbetreuung) so, dass Sie am besten den ganzen Tag abkömmlich sind. Vermeiden Sie es, durch ständige Gedanken an weitere Verpflichtungen gehandicapt zu werden oder gar unter Zeitdruck zu geraten. Achten Sie außerdem darauf, dass die Terminvereinbarung Ihnen eine An- und Abreise am gleichen Tag ermöglicht beziehungsweise sprechen Sie andernfalls das Thema Hotelübernachtung an.

- ***Terminverschiebung:*** Ein Telefonat wird ebenfalls erforderlich, wenn Sie um die Verschiebung eines vorgeschlagenen Termins bitten möchten. In aller Regel wird eine solche Verschiebung möglich sein. Allerdings sollten Sie einen nachvollziehbar wichtigen sachlichen Grund anführen. Problematisch dürfte es jedoch werden, falls Sie ein zweites Mal verschieben wollen. Dann müssen Sie durchaus damit rechnen, dass der Betrieb auf Ihre weitere Kandidatur verzichtet.
  Hintergrund: Ein Bewerbungsverfahren ist für jedes Unternehmen mit einem recht hohen organisatorischen Aufwand verbunden, zum Beispiel müssen oft die Terminpläne gleich mehrerer führender Kräfte koordiniert werden, und das ganze

Verfahren soll auch in einem überschaubaren Zeitraum über die Bühne gehen.
Ein wichtiger sachlicher Grund für die Verschiebung eines Gesprächstermins kann es etwa sein, wenn Sie an diesem Tag aufgrund von Verpflichtungen an Ihrer derzeitigen Stelle nicht abkömmlich sind.

- ***Informationsvorsprung:*** Sie sollten sich schon vor dem Vorstellungsgespräch nach den Namen Ihrer vorgesehenen Gesprächspartner erkundigen, und ebenso nach ihrer Funktion im Betrieb. So etwas wird in Einladungen leider nur selten mitgeteilt.
  Zum einen macht es keinen schlechten Eindruck, wenn Sie Ihre Gesprächspartner gleich namentlich begrüßen können. Zum anderen können Sie sich viel besser auf das Gespräch einstellen, denn Ihre Gesprächspartner haben, wie Sie im übernächsten Kapitel sehen werden, durchaus unterschiedliche Interessenschwerpunkte, je nachdem, ob sie aus der Geschäftsführung, der Personalabteilung, der Fachabteilung oder gar von einer externen Personalagentur kommen.
  Weitere Dinge, die bei einem solchen Telefonat geklärt werden können: Fragen nach dem vorgesehenen Ablauf, Terminbestätigung, Fragen zu Anreise und eventuell Übernachtung oder zur Kostenerstattung.

- ***Kontaktvorsprung:*** Hier dreht es sich um die Verbesserung Ihrer Ausgangslage, dieser Schritt sollte allerdings gründlich überlegt sein. Üblicherweise werden solche Vorabtelefonate bei Betrieben ab einer gewissen Größenordnung von einem Sekretariat abgewickelt, Sie müssten sich dann aber mit Ihrem späteren Gesprächspartner verbinden lassen. Bei Kleinbetrieben werden Sie womöglich ohnehin mit Ihrem späteren Gesprächspartner sprechen. Beachten Sie in jedem Fall die folgenden Empfehlungen.

- *Was Sie erreichen können:* Es gelingt Ihnen, durch ein kurzes Telefonat bereits einen persönlichen Vorabkontakt herzustellen. Voraussetzung dafür ist ein gewisses Telefongeschick.
- *Die Gefahr dabei:* Es gelingt Ihnen nicht, ein harmonisches Telefonat zu führen, Ihr Gesprächspartner fühlt sich durch Ihren Anruf nur gestört. Sie haben ihn vor dem Termin womöglich nicht für, sondern gegen sich eingenommen.
- *Voraussetzung:* In jedem Fall brauchen Sie einen guten Vorwand, warum ein Telefonat mit dem Sekretariat nicht ausreicht, sondern Sie schon vorab Ihren späteren Gesprächspartner sprechen müssen. Vielleicht wollen Sie Ihren Gesprächspartner bitten, Ihnen für Ihre Gesprächsvorbereitung einige Informationen über den Betrieb zuzuschicken, zum Beispiel einen Geschäftsbericht, oder vielleicht wollen Sie Ihren Gesprächspartner fragen, ob Sie eine bestimmte wichtige Unterlage zum Gespräch mitbringen sollten, oder es gilt eine andere wichtige Frage im Voraus zu klären.
- *Vorgehen:* Lassen Sie sich nicht vom Sekretariat abwimmeln, sondern tragen Sie die Wichtigkeit Ihres Anliegens überzeugend vor. Bei Ihrem Gesprächspartner stellen Sie nach einer kurzen Vorstellung lieber sicher, dass Sie nicht gerade in eine angespannte Situation hineinplatzen, sonst vereinbaren Sie besser einen günstigeren Termin für Ihren Anruf. Schließlich schildern Sie kurz Ihr Anliegen und versuchen dann durch das anschließende Telefonat zu erreichen, dass Ihr Gesprächspartner Sie sympathisch findet.
- *Beispiel für einen möglichen Einstieg ins Telefonat:* »Guten Tag, Frau Berger. Mein Name ist Heller, es geht um unser Gespräch nächste Woche Freitag. Hätten Sie einen Moment Zeit für mich?« – »Ich wollte Sie fragen …«

Wenn Sie meinen, über das notwendige Telefongeschick für einen solchen Anruf nicht zu verfügen, dann sollten Sie es sein lassen. Sie haben genügend Gelegenheit, auch im Gespräch selbst Ihre Qualitäten unter Beweis zu stellen.

Planen Sie Ihre Anreise

Auch auf die Anreise zu Ihrem Termin sollten Sie vor dem Gespräch einige Gedanken verwenden.

- ***Wo muss ich hin:*** Vergewissern Sie sich zunächst, wo genau der Treffpunkt liegt, an dem Sie verabredet sind. Zum Beispiel mit Hilfe eines Stadtplans. Sie sparen sich eine Menge Stress am Tag des Gesprächs selbst.

- ***Wie komme ich hin:*** Überlegen Sie dann, wie Sie anreisen wollen, ob mit dem eigenen Fahrzeug oder mit öffentlichen Verkehrsmitteln. Planen Sie in beiden Fällen Ihre Fahrtmöglichkeiten. Klären Sie auch eine eventuell erforderliche Übernachtung im Voraus. Wenden Sie sich bei Bedarf einfach an das Sekretariat des Unternehmens, das Ihnen sicher weiterhelfen kann. Vielleicht können Sie eine Fahrt in Bus und Bahn zur Vorbereitung nutzen, vielleicht sind sie mit dem eigenen Fahrzeug flexibler – treffen Sie die Entscheidung für das Verkehrsmittel am besten nach Ihren eigenen Vorlieben. Verspäten können Sie sich allerdings auf beiden Wegen. Bei öffentlichen Verkehrsmitteln müssen Sie mit Verspätungen und verpassten Anschlüssen rechnen. Beim eigenen Fahrzeug mit Staus, Umleitungen, Pannen und langer Parkplatzsuche.

- ***Wann breche ich auf:*** Kalkulieren Sie daher lieber ein zeitliches Sicherheitspolster ein, wenn Sie Ihre wahrscheinlich ohnehin bereits angespannten Nerven vor dem Vorstellungsgespräch nicht noch weiter strapazieren wollen. Wählen Sie lieber einen Zug eher, planen Sie mit dem eigenen Fahrzeug nicht einen Start auf den letzten Drücker.
  Es ist besser, dann tatsächlich zu früh da zu sein. Diese Zeit können Sie gegebenenfalls dazu nutzen, sich auf Ihr Gespräch zu konzentrieren, zum Beispiel bei einem Spaziergang.

- ***Pünktlichkeit!*** Denn: Mit kaum etwas können Sie sich den so wichtigen ersten Eindruck so gründlich verderben wie durch unpünktliches Erscheinen.

Auswahl der passenden Kleidung

Natürlich stellt sich auch die Frage: Was ziehe ich an zu meinem Gesprächstermin? Eine durchaus nicht unwesentliche Frage, insbesondere im Hinblick auf den wichtigen ersten Eindruck. Allgemein gültige Vorgaben sind hier schwierig, denn es kommt immer auf die betreffende Stelle an. So können Sie sich mit der braven Konfirmations-Kombination in der Werbeagentur genauso unmöglich machen wie mit kariertem Holzfäller-Hemd in der Rechtsanwaltskanzlei. Als Grundregel lässt sich daher formulieren:

Die Kleidung muss zur Stelle passen. – Sie muss allerdings auch zu Ihnen passen.

Was heißt das im Einzelnen?

- ***Die Kleidung muss zur Stelle passen:*** In jedem Betrieb gilt unausgesprochen stets auch eine gewisse Kleiderordnung. So geht es in Banken in dieser Beziehung strenger zu, in einer Redaktion eher ungezwungen oder unter Ingenieuren burschikos. Wenn Sie sich mit Ihrer Kleidung diesem Stil annähern, können Sie damit ohne Worte den Eindruck erreichen: Die oder der scheint zu uns zu passen.
  Darüber hinaus ist zu bedenken: Mit dem Gespräch über die Vergabe einer Stelle begeben Sie sich in eine geschäftliche Verhandlung.
  Der Bedeutung dieser Situation werden Ihre Gesprächspartner wahrscheinlich mit einer etwas gehobenen Wahl ihrer Kleidung Rechnung tragen. Wenn Sie das nicht ebenfalls machen, erwe-

cken Sie den Eindruck, dass Ihnen die Sache nicht so wichtig ist. Insgesamt lässt sich daher sagen: Orientieren Sie sich mit Ihrer Kleidung an Ihrem späteren Arbeitsalltag, und wählen Sie hier eine Stufe feiner.

- ***Die Kleidung muss zu Ihnen passen:*** Gute Kleidung kann Sicherheit verleihen. So trägt es gleich zu einem gewissen Gefühl der Unterlegenheit bei, wenn Sie schlechter als Ihr Gesprächspartner gekleidet sind. Versuchen Sie aber auch umgekehrt keine Effekte zu erzielen, die nicht zu Ihrem Typ passen. Wenn Sie die ganze Zeit das Gefühl haben, am Saum eines kurzen Rockes zupfen zu müssen, mit unbequemen schicken Schuhen kaum laufen können oder sich in Ihrem Anzug einfach nur unbehaglich fühlen, dann wird das auch kaum zu einem sicheren Auftreten beitragen.

- ***Allgemeine Ratschläge:*** Unabhängig davon sollten Sie folgende Empfehlungen bedenken:

- *Vermeiden Sie Übertreibungen.* Sie kennen Ihre Gesprächspartner nicht und wissen nichts über deren persönliche Vorlieben. Daher ist es meist besser, sich an einem neutralen Durchschnittsgeschmack zu orientieren und Übertreibungen zu meiden, um keine Voreingenommenheit zu erzeugen. Beispielsweise können Sie als Bewerberin mit einem Minirock bei Männern eventuell Eindruck machen, aber auch unseriös wirken. Ebenso sollte daher ein Zuviel an Duft und Schmuck vermieden werden.
- *Achten Sie auf Bequemlichkeit.* Sie werden ungezwungener auftreten und damit sympathischer wirken, wenn Sie sich in Ihrer Kleidung wohl fühlen. Bedenken Sie, dass Sie mehrere Stunden in diesem Outfit verbringen werden. Zu enge Hosen, schlecht sitzende Jacken, unbequeme Schuhe tragen sicher nicht zu Ihrem Wohlbefinden bei.

In der Aufregung des Gesprächs kann es einem außerdem schon mal etwas warm werden. Denken Sie daher daran, dass Ihre Kleidung drohende Schwitzflecken nicht gleich deutlich sichtbar werden lassen sollte.

- *Falls Sie ganz ratlos sind*: In sehr vielen Fällen werden Sie mit Jackett und Krawatte beziehungsweise Blazer und Bluse sowie einem allgemein gepflegten Äußeren richtig liegen.

Was Sie mitnehmen müssen

Zum Schluss bleibt noch die Frage: Was brauche ich bei meinem Vorstellungsgespräch? Nun, etwas Wichtiges vergessen können Sie hier im Allgemeinen nicht. Denn im Vorstellungsgespräch geht es um nichts anderes als um Ihre Person. Die schriftlichen Unterlagen sind ja schon gründlich geprüft worden und liegen dem Betrieb vor.

Falls Sie mit dem Betrieb ausnahmsweise doch die Mitnahme bestimmter *Unterlagen* ins Gespräch vereinbart haben, sollten Sie daran natürlich denken. Gelegentlich senden stark durchorganisierte Betriebe mit der Einladung auch Formulare wie Kostenerstattungsanträge oder Personalfragebögen mit, die Sie dann auch mitbringen sollten.

Wenn Sie meinen, Ihre Aufzeichnungen und die bisherige *Bewerbungskorrespondenz* gut verwenden zu können, um sich abschließend auf das Gespräch einzustellen, dürfen Sie solche Unterlagen selbstverständlich mitführen. So kann es vielleicht nicht schaden, sich noch einmal zu vergewissern, was denn eigentlich in Bewerbungsschreiben und Lebenslauf stand. Das Einladungsschreiben kann Ihnen gute Dienste leisten, wenn Sie sich unterwegs noch einmal über Ort, Zeit und Personen vergewissern müssen. Es liefert für den Notfall auch die Telefonnummer. Auf keinen Fall vergessen sollten Sie Ihre vorbereitete *Fragenliste*. Dazu gehört auch *Schreibzeug*, um wichtige Informationen kurz notieren zu können.

Überlegenswert ist, *Handy*, Telefonkarte oder zumindest Kleingeld dabeizuhaben, damit Sie bei eventuellen Verzögerungen von unterwegs anrufen können. (Schalten Sie das Handy aber dann im Gespräch ab!)
Das ist im Grunde schon alles. Dass Sie daneben natürlich gegebenenfalls an Stadtplan, Tickets und sonstige Reiseunterlagen denken müssen, soll hier nur am Rande erwähnt werden. Sie selbst mit Ihrer Vorbereitung im Kopf, angemessen gekleidet und gut ausgeruht in Form sind die Hauptsache.

Zusammenfassend hier noch einmal das Wichtigste, das Sie beim Aufbruch zum Gespräch dabeihaben sollten:

Checkliste:

	(☑)
Unterlagen, falls vereinbart.	❑
Aufzeichnungen, Bewerbungskorrespondenz, insbesondere das Einladungsschreiben.	❑
Die Liste mit Ihren vorbereiteten Fragen.	❑
Schreibzeug.	❑

Kapitel 4

Wie läuft ein Vorstellungsgespräch ab?

Der entscheidende Tag ist gekommen. Besonders, wenn Sie noch keine große Erfahrung mit Vorstellungsgesprächen haben, fragen Sie sich wahrscheinlich, wie es da wohl so zugeht und was Sie beachten müssen. Um den typischen Verlauf und die Teilnehmer, sozusagen den äußeren Rahmen Ihres Gesprächs, soll es also in den beiden folgenden Kapiteln gehen.

Es verleiht zusätzliche Sicherheit, wenn Sie schon im Voraus wissen und sich darauf einstellen können, was und wer im Vorstellungsgespräch auf Sie zukommt:

- Kein Vorstellungsgespräch verläuft wie das andere. Dennoch gibt es einige ganz typische, immer wiederkehrende Elemente, denen auch Sie in Ihrem Vorstellungsgespräch begegnen werden. Ein solcher typischer Ablauf soll Ihnen zunächst einmal vorgestellt werden. Dabei wird Ihr Blick auf einige besonders kritische Momente gelenkt, die Ihre besondere Aufmerksamkeit verdienen. Sie erfahren, wie Sie hier entscheidende Fehler vermeiden.
- Es gibt Vorstellungsgespräche mit einem oder mehreren Terminen, einer oder mehreren Gesprächsrunden, einem oder mehreren Teilnehmern. Diese verschiedenen organisatorischen Varianten werden nachfolgend erläutert.
- Sie erhalten dann noch die wichtigsten Hinweise zum Thema Kostenerstattung.

- In einigen Fällen kommen so genannte Personalfragebogen zum Einsatz, was zunächst harmlos nach einer reinen Formalie klingt. Sie erfahren, warum und wo Sie beim Ausfüllen im Gegenteil ganz besonders aufmerksam sein sollten.

Der typische Verlauf

Bei einem typischen Vorstellungstermin lassen sich vier Etappen unterscheiden, die hier folgendermaßen bezeichnet werden sollen:

- Vor dem Gespräch
- Es geht los
- Das Gespräch selbst
- Der Abschluss des Gesprächs

Sie erfahren, was Sie erwartet, wo Sie besonders aufpassen müssen und wie Sie entscheidende Fehler vermeiden.

Vor dem Gespräch

- *Zu spät:* Sollte sich auf dem Weg zum Gespräch abzeichnen, dass Sie zu spät zu kommen drohen, dann rufen Sie von unterwegs an. Denn einen schlechteren Auftakt, als Ihre Gesprächspartner ratlos warten zu lassen, gibt es kaum.
- *Zu früh:* Der Normalfall sieht jedoch so aus, dass Sie ein gutes Stück zu früh am Ziel sind, weil Sie ja pünktlich sein wollten. Der erste Programmpunkt heißt also: Warten. Nutzen Sie diese Zeit, um sich auf Ihr Gespräch einzustellen.
  Gehen Sie je nach Vorliebe und Wetter noch eine Runde in der Nähe spazieren, oder falls der Betrieb einen Empfangsbereich aufweist, können Sie sich auch schon dort melden und sich zeigen lassen, wo Sie die Wartezeit verbringen können. Gehen Sie noch einmal Ihre inhaltliche Vorbereitung durch, sei es im Kopf,

sei es anhand mitgebrachter Unterlagen. Fragen Sie am Empfang nach Namen und Funktionen Ihrer vorgesehenen Gesprächspartner, falls Sie das noch nicht wissen, und werfen Sie auch noch einen letzten prüfenden Blick auf Ihr Äußeres, damit der erste Eindruck positiv verläuft.
Lassen Sie sich bitte nicht von Behauptungen beunruhigen, Sie würden bereits während Ihrer Wartezeit heimlich beobachtet. Solchen Unfug treibt kein seriöses Unternehmen.

- *Anmeldung:* Achten Sie darauf, dass der Empfang Sie nicht etwa zu früh zu Ihrem Gesprächspartner schickt. Damit platzen Sie ungelegen entweder in Arbeiten, die er gerade noch vor dem Gespräch erledigen wollte, in seine Gesprächsvorbereitung oder sogar in das Gespräch mit dem Kandidaten vor Ihnen. Sie bringen auf jeden Fall die Abläufe durcheinander und sorgen so nicht gerade für einen entspannten Gesprächsauftakt.
Melden Sie sich umgekehrt aber auch nicht erst in allerletzter Sekunde am Empfang, denn in manchen Betrieben sind weite Wege zurückzulegen, bevor Sie am richtigen Ort sind.

Die wichtigsten Tipps vor dem Gespräch:

- Rufen Sie an, falls sich eine Verspätung abzeichnen sollte.
- Werfen Sie vor dem Gespräch noch einen letzten prüfenden Blick auf Ihr Äußeres.
- Suchen Sie Ihren Gesprächspartner nicht vor der vereinbarten Zeit auf.

Es geht los

- *Erster Eindruck:* Sie werden abgeholt (mitunter auch direkt von Ihrem Gesprächspartner!) oder suchen selber den Gesprächsraum auf: Irgendwann stehen Sie Ihrer Gesprächspartnerin oder Ihrem Gesprächspartner zum ersten Mal gegenüber. In diesen ersten Sekunden einer Begegnung wird bereits sehr viel vorentschieden. Viele Urteile, gerade über Sympathie und Antipathie, stehen bereits aufgrund dieses ersten Eindrucks fest. Was können Sie tun, um ihn positiv zu beeinflussen? Suchen Sie offenen Blickkontakt, versuchen Sie freundlich zu schauen – und versuchen Sie, Ihr Gegenüber sympathisch zu finden. Das überträgt sich.
- *Begrüßung:* Eine Begrüßung per Handschlag ist üblich. Versuchen Sie spätestens jetzt, wenn Sie sich gegenseitig vorstellen, Namen und Funktionen Ihrer Gesprächspartner zu verstehen und sich zu merken. Fragen Sie im Zweifel nach. Notfalls auch ein zweites Mal. Denn später wird's peinlich.
- *Smalltalk:* »Haben Sie den Weg zu uns gut gefunden?« »Das ist ja vielleicht ein Wetter heute!« Mit solchen oder ähnlichen Worten wird Sie Ihr Gesprächspartner wohl begrüßen. Hier brauchen Sie nicht etwa gleich eine Fangfrage zu wittern. Es handelt sich einfach um Allerweltsfloskeln, mit denen Ihr Gesprächspartner versuchen will, das Eis zu brechen. Versuchen Sie einfach auch etwas Nettes, Unverbindliches zu sagen, damit die Kommunikation in Gang kommt.
- *Bewirtung:* Höchstwahrscheinlich wird Ihnen Ihr Gastgeber eine Tasse Kaffee oder etwas anderes anbieten. Nehmen Sie dankend an, wenn Ihnen danach ist. Sie müssen aber nicht etwa aus reiner Höflichkeit Ja sagen, wenn Sie zum Beispiel wissen, dass Kaffee Sie nur nervös macht. Lehnen Sie dann ruhig ab.

Die wichtigsten Tipps für den Gesprächsauftakt:

- Versuchen Sie den wichtigen ersten Eindruck bei der Begrüßung zu Ihren Gunsten zu beeinflussen, indem Sie offenen Blickkontakt suchen, freundlich schauen und Ihr Gegenüber sympathisch finden.
- Merken Sie sich Namen und Funktion Ihrer Gesprächspartner.

Das Gespräch selbst

- *Einstieg:* Es ist Sache Ihrer Gesprächspartner, irgendwann vom einleitenden Smalltalk zum eigentlichen Thema überzugehen. Mitunter wird am Anfang eine kurze Präsentation des Betriebs stehen. Oder aber Sie werden gebeten, sich und Ihren Werdegang kurz vorzustellen. Zu allen inhaltlichen Fragen verraten Ihnen die folgenden Kapitel mehr.
- *Verlauf:* Innerhalb des Gesprächs geht es um drei Dinge: Erstens Ihre Qualifikation für die Stelle. Zweitens Informationen für Sie über die Position. Drittens und abschließend eventuell Verhandlungen über Gehalt und sonstige Konditionen. Die Führung des Gesprächs sollten Sie weiterhin Ihrem Gastgeber überlassen.

  Nur auf eines müssen Sie unbedingt achten: Ihre eigene Seite darf nicht zu kurz kommen. Wenn Sie irgendwann feststellen, dass Ihr Gegenüber sich so gerne reden hört, dass Sie eigentlich gar nicht zu Worte kommen, dann mag Ihnen das zwar ganz bequem erscheinen, aber dann läuft etwas so falsch, dass Sie eingreifen müssen. Denn wenn Sie während des Gesprächs praktisch gar nichts gesagt haben, können sich Ihre Gesprächspartner hinterher, beim Vergleich der verschiedenen Kandidaten, auch kaum noch an Sie erinnern und ziehen Sie nicht in Betracht. Sie müssen in diesem Gespräch unbedingt bestmöglich darstellen, warum

Sie für diese Stelle optimal geeignet sind, und Sie müssen auch Ihre wesentlichen Fragen klären. Ergreifen Sie also notfalls im geeigneten Moment selbst die Initiative. Zum Beispiel: »Da Sie gerade von den Fortbildungsmöglichkeiten sprechen: Es wird Sie in diesem Zusammenhang sicher interessieren, dass ich selber gerade im letzten Jahr einen Abschluss im Bereich …«

Der wichtigste Tipp für den Gesprächsverlauf:

- Übernehmen Sie selber die Initiative, falls Ihr Gegenüber seiner Moderatorenrolle nicht gerecht wird. Sie haben nur diese eine Chance, Ihre Qualifikation unter Beweis zu stellen und Ihre Fragen zu klären.

Der Abschluss des Gesprächs

- *Schluss:* Üblicherweise wird Ihr Gesprächspartner signalisieren, wenn sie oder er der Meinung ist, alles Wesentliche sei nun gesagt. Wenn davor abschließend bereits das Thema Gehalt angesprochen worden ist, dann dürfen Sie das in der Regel als ein Signal dafür werten, dass Sie aufgrund des Gesprächsverlaufs in der engsten Auswahl gelandet sind.
- *Offene Fragen:* Für Sie ist jetzt die letzte Chance gekommen, noch wesentliche Fragen abzuklären, die auf Ihrer Liste bisher offen geblieben sind. Recht häufig werden sie zum Gesprächsabschluss sogar direkt danach gefragt, ob Sie noch Fragen haben. Ist dies nicht der Fall, suchen Sie jetzt nicht verzweifelt nach einer Verlegenheitsfrage, sondern erklären Sie, Ihrer Meinung nach seien alle wesentlichen Punkte behandelt, und nutzen Sie diese Gelegenheit stattdessen lieber noch einmal zu einer Bekräftigung, wie groß aufgrund der gewonnenen Informationen Ihr Interesse an der Stelle ist.

- *Weiteres Vorgehen:* Bevor Sie nun endgültig auseinandergehen, sollte das weitere Vorgehen geklärt worden sein: Werden Sie benachrichtigt (üblich), sollen Sie sich selber melden (selten), sind noch weitere Gespräche vorgesehen, in welchem Zeitraum ist voraussichtlich mit einer Entscheidung zu rechnen?
- *Abschied:* Ein Händedruck ist auch zum Abschied üblich. Auch hier ist Blickkontakt zu empfehlen. Nennen Sie Ihren Gesprächspartner beim Namen. Allerdings hat ein starker Abgang bei weitem nicht dieselbe Bedeutung wie ein gelungener erster Eindruck.

Die wichtigsten Tipps für den Gesprächsabschluss:

- Klären Sie vor dem Abschied Ihre wesentlichen offenen Fragen und das weitere Vorgehen.
- Bekräftigen Sie zum Abschluss Ihr Interesse an der Stelle.

Varianten

Jedes Unternehmen organisiert seine Vorstellungstermine ein wenig anders. Versuchen Sie auch ruhig, sich im Voraus zu erkundigen, wie Ihr Termin ablaufen soll. Unterschiede gibt es insbesondere in folgender Hinsicht:

- Es ist nur eine Gesprächsrunde oder es sind zwei Durchgänge bis zur Entscheidung vorgesehen.
- Es werden an einem Termin ein oder zwei Gespräche geführt.
- Im Gespräch sitzen Ihnen ein oder mehrere Gesprächspartner gegenüber.

Im Folgenden einige Hinweise, was jeweils zu beachten ist.

- ***Nur eine Gesprächsrunde:*** Der Betrieb lädt alle interessant erscheinenden Kandidatinnen und Kandidaten innerhalb eines bestimmten Zeitraums (etwa drei Wochen) zum Gespräch und trifft anschließend aufgrund der gewonnenen Eindrücke seine Entscheidung. Dieses Verfahren ist effizient und sehr häufig.

  ➠ *Beachten Sie:* Seien Sie sich darüber im Klaren, dass die Entscheidung über die Stellenvergabe einzig und allein aufgrund dieses Termins fallen wird, nicht etwa aufgrund der vorher eingereichten schriftlichen Unterlagen oder eventuell erzielten Testergebnisse. Und Sie erhalten nur diese eine Chance.

- ***Zwei Gesprächsrunden:*** Zu einer ersten Runde wird noch ein größerer Kreis von Bewerbern eingeladen. In diesen Gesprächen geht es zunächst einmal um Fragen der Eignung (natürlich nicht nur, ob Sie für den Betrieb geeignet sind, sondern auch, ob der Betrieb für Sie geeignet ist). Dieses Vorgehen ist also vergleichbar mit Verfahren, in denen das Unternehmen in einer ersten Vorauswahlrunde Eignungstests für eine größere Zahl von Bewerbern vorsieht. Diese erste Gesprächsrunde wird mitunter von externen Personalberatungsunternehmen durchgeführt. In der zweiten Runde für den engeren Kreis stehen dann auch Fragen der Vergütung und sonstigen Konditionen auf dem Programm. In dieser Runde fällt die Entscheidung. Dieses Verfahren ist recht aufwendig und findet am ehesten Anwendung, wenn es um gehobene Positionen geht.

  ➠ *Beachten Sie:* Auch wenn erst die zweite Runde entscheidend ist, müssen Sie sich auf die erste Runde womöglich sogar noch besser vorbereiten. Insbesondere muss es Ihnen hier gelingen, Ihre Eignung bestmöglich zu verkaufen, während diese Bedingung in der zweiten Runde schon als weit gehend erfüllt gilt.

- ***Termin mit nur einem Gespräch:*** Alle Beteiligten treffen sich gemeinsam zu einem Gespräch und jeder versucht dort, die ihn interessierenden Punkte abzuklären. Ein verbreitetes und zweckmäßiges Verfahren.

  ➨ *Beachten Sie:* Sie haben den Vorteil, dass Sie sich an diesem Termin nur einmal konzentrieren müssen, sollten sich dann aber entsprechend ins Zeug legen, denn Sie haben auch keine Chance mehr, es bei Ihrem nächsten Gesprächspartner besser zu machen.

- ***Termin mit zwei Gesprächen:*** Hier gibt es verschiedene Modelle. Häufig findet das eine Gespräch mit der Personalabteilung, das andere mit der Fachabteilung statt. Die Personalabteilung versucht dann eher, die persönliche Seite der Bewerber abzuklopfen, von den Eigenschaften über den Werdegang bis zu Fragen der Motivation, sie kann Fragen zum Betrieb beantworten und ist für organisatorische Dinge wie etwa die Kostenerstattung zuständig. Die Fachabteilung interessiert sich für die fachliche Eignung der Bewerber (allerdings auf jeden Fall auch für persönliche Sympathie!) und ist für Fragen nach der Stelle an sich und der Branche im Ganzen der bessere Ansprechpartner. Das Verfahren ist wegen der mangelnden Koordination weniger effektiv, aber gleichwohl häufig anzutreffen.
  Mitunter ist nach dem eigentlichen Vorstellungsgespräch auch noch ein kurzes Treffen mit der Geschäftsleitung vorgesehen, die es sich in diesem Fall nicht nehmen lassen will, alle potenziellen neuen Mitarbeiterinnen und Mitarbeiter selbst einmal gesehen zu haben. Hier wird es weniger um konkrete Details der Stelle als um Fragen des gesamten Unternehmens gehen. Wichtig ist hier vor allem, einen motivierten und informierten Gesamteindruck zu machen.
  Manchmal ist einer der beiden Durchgänge des Termins auch gar kein Gespräch, sondern ein Eignungstest. Diese Variante ist nicht

sehr verbreitet und im Allgemeinen wird Ihnen zuvor mitgeteilt, wenn ein solches Vorgehen geplant ist.

➠ *Beachten Sie:* Sie müssen leider zweimal zu Hochform auflaufen. Denn Sie dürfen sich nicht darauf verlassen, dass der eine dem andern schon weitererzählen wird, was Sie vorgebracht haben. Sie müssen jeden Gesprächspartner gleichermaßen überzeugen. Achten Sie dabei auf die typischen Interessengebiete von Personalabteilung, Fachabteilung und Geschäftsführung.

- ***Ein Gesprächspartner:*** Insbesondere bei Einsteigerpositionen (zum Beispiel Lehrstelle, Traineeprogramm, einfache Tätigkeiten) kommt es vor, dass Sie sich im Gespräch mit nur einer Person auseinanderzusetzen haben. Diese kann dann sowohl aus der Personalabteilung stammen wie auch aus der Fachabteilung oder der Geschäftsführung.

  ➠ *Beachten Sie:* Je nach Funktion wird der Interessenschwerpunkt Ihrer Gesprächspartnerin oder Ihres Gesprächspartners anderswo liegen. Richten Sie Ihre Gesprächsführung danach aus. Näheres über die verschiedenen Abteilungen und deren Interessen erfahren Sie im folgenden Kapitel.

- ***Mehrere Gesprächspartner:*** Recht häufig werden Sie sich im Gespräch mit zwei oder mehr Gesprächspartnern konfrontiert sehen. Der klassische Fall: Ein Vertreter der Personalabteilung und ein leitendes Mitglied der betroffenen Fachabteilung. Doch können Sie sich auch einem noch größeren Gremium gegenübersehen. (Ganz unüblich dagegen ist es übrigens, dass ein Gespräch gleichzeitig mit zwei oder mehr Kandidaten geführt würde.)

  ➠ *Beachten Sie:* Für diese Variante ist der bereits gegebene Hinweis besonders wichtig: Vergewissern Sie sich, welche Funktion die einzelnen Gesprächsteilnehmer haben (und merken Sie sich auch ihre Namen). Dann können Sie viel besser einschätzen, worauf der Betreffende mit einer Frage hinauswill, und in welche Richtung Ihre Antwort gehen sollte. Und Sie halten auch nicht etwa die stumm dabeisitzende Chefin für eine Sekretärin … Und versuchen Sie mit Ihren Gesprächsbeiträgen alle Gesprächsteilnehmer gleichmäßig anzusprechen, insbesondere weil zu negativem Urteil neigt, wer sich vernachlässigt fühlt.

Die Kostenerstattung

Besonders als Berufseinsteiger können die Reisekosten im Zusammenhang mit einem Vorstellungsgespräch die eigene Kasse durchaus nicht ganz unerheblich belasten. Vor allem, wenn damit weite Anreisen verbunden sind, womöglich sogar Hotelübernachtungen. Zumal Sie sich ja in der Regel bei mehreren Betrieben vorstellen werden, bis die passende Stelle gefunden ist. Daher dürfte die Frage der Kostenerstattung durchaus von Interesse sein.

- ***Rechtliche Lage:*** Klarheit haben Sie, wenn das Unternehmen das Thema Reisekostenerstattung in seiner Einladung zum Vorstellungsgespräch anspricht. Entweder wird erklärt, dass die Aufwendungen erstattet werden (und in welchem Umfang), oder eine Kostenbeteiligung wird ausdrücklich ausgeschlossen. Diese Möglichkeit besteht durchaus, der Normalfall ist das allerdings nicht. Und wenn sich der Betrieb vor dem Gespräch nicht zum Thema Kostenerstattung geäußert hat? Dann dürfen Sie der Rechtsprechung zufolge davon ausgehen, dass die Reisekosten in angemessenem Umfang erstattet werden.

- ***Umfang:*** Was gilt als angemessen bei den Reisekosten? Für gewöhnlich sind Kosten im Umfang einer Bahnfahrt zweiter Klasse zu erstatten. Dies gilt auch, wenn Sie mit einem anderen

Verkehrsmittel gekommen sind, beispielsweise mit dem Auto. Falls Sie Ihre Fahrtkosten nachweisen sollen, können Sie das am einfachsten, indem Sie Ihre Fahrkarte vorlegen, wenn Sie tatsächlich mit der Bahn gekommen sind. Gelegentlich werden Sie sonst aufgefordert, sich bei der Bahn eine Preisauskunft zu besorgen (ist leider gebührenpflichtig).
Natürlich steht es dem Betrieb frei, sich auf freiwilliger Basis auch in höherem Umfang an Ihren Fahrtkosten zu beteiligen. Beispielsweise im Umfang einer Bahnfahrt erster Klasse oder auch einer Flugreise.
Wenn angesichts der Dauer eines Vorstellungstermins die An- und Abreise am selben Tag nicht möglich oder zumutbar ist, dann zählt auch eine Hotelübernachtung zum angemessenen und zu erstattenden Reisekostenumfang. Hier ist aber eine vorherige Absprache grundsätzlich zu empfehlen, nicht zuletzt, weil man Ihnen vielleicht sogar bei der Zimmerbeschaffung in einer unbekannten Stadt weiterhilft.

- ***Alternativen:*** Aber auch wenn das Unternehmen eine Kostenbeteiligung ausgeschlossen hat, bleiben Sie nicht unbedingt ganz alleine auf Ihren Reisekosten sitzen. Zum einen können Sie Ihre Reisekosten genau wie alle übrigen Bewerbungskosten im Rahmen der jährlichen Einkommensteuererklärung als Werbungskosten geltend machen, wodurch sich Ihre Steuerschuld verringert. Heben Sie deshalb Fahrkarten und sonstige Quittungen gut auf, falls Nachweise gefordert werden. Es spielt übrigens keine Rolle, ob Sie mit Ihrer Bewerbung erfolgreich waren oder nicht. Zum anderen gibt es unter Umständen die Möglichkeit, dass sich das Arbeitsamt an Ihren Reisekosten beteiligt, sofern Sie arbeitslos gemeldet sind.

- ***Ablauf:*** In aller Regel werden Ihre Gesprächspartner die vorgesehene Kostenerstattung von sich aus an irgendeiner Stelle des Termins ansprechen. Falls das versehentlich vergessen wird und

Sie selbst nachfragen müssen, dann ist Ihr geeignetster Ansprechpartner hierfür ebenso wie für alle weiteren organisatorisch-technischen Fragen die Personalabteilung.

Der Umgang mit Personalfragebogen

Insbesondere bei stark durchorganisierten Großbetrieben, etwa Behörden, Banken oder Industriekonzernen, kann es Ihnen passieren, dass Sie irgendwann im Verlauf Ihres Bewerbungsverfahrens mit einem Personalfragebogen konfrontiert werden, manchmal bereits vor dem Vorstellungsgespräch, im ungünstigsten Fall direkt in der Wartezeit vor Ihrem Gespräch. Ein solcher Personalbogen würde später die erste Seite Ihrer Personalakte. Er kann leicht bis zu vier DIN-A-4-Seiten umfassen.
Was sich nach einer reinen Formalität im Verfahrensablauf anhört, ist in Wirklichkeit bereits eine inhaltliche Angelegenheit und hat speziell mit Ihrer persönlichen Präsentation zu tun. Denn letztlich ist ein solcher Fragebogen nichts anderes als ein Lebenslauf in Formularform. Deshalb sollten Sie beim Ausfüllen alle Tipps und Hinweise beachten, die auch für den schriftlichen Lebenslauf gelten, wie Sie ihn im vorangegangenen Bewerbungsverfahren eingereicht haben. Oder für den Lebenslauf, wie Sie ihn im Verlauf des anstehenden Gesprächs vielleicht mündlich vortragen werden, denn Sie können hier die gleichen Fehler machen wie im Gespräch selbst. Leider vermitteln Fragebögen stets den Eindruck neutraler Objektivität und schreien geradezu danach, vollständig ausgefüllt zu werden. Lassen Sie sich davon nicht irreführen.

➡ *Beachten Sie:*

- Machen Sie auf keinen Fall Aussagen, die sich zu Ihrem Nachteil auswirken könnten, soweit Sie im Einzelfall nicht zu Angaben verpflichtet sind.

- Beachten Sie bei jeder Formulierung, dass Ihre Aussagen Ihre Eignung und Motivation unterstreichen sollen, zum Beispiel wenn Sie Ihren Werdegang skizzieren.
- Lassen Sie Felder zur Not frei oder schreiben Sie, dass Sie diese Frage lieber im persönlichen Gespräch klären wollen.

Grundsätzlich ist zu beachten, dass Sie zu wahrheitsgemäßer Auskunft verpflichtet sind, soweit der Betrieb ein berechtigtes Interesse an der jeweiligen Frage hat.

Hier noch einige Hinweise im Einzelnen.

- *Familienstand:* Über Ehe und Kinder brauchen Sie keine Angaben zu machen, wenn Sie nicht wollen, denn das hat mit Ihrer Qualifikation für die Stelle nichts zu tun. Insbesondere Frauen fahren oft besser damit, wenn sie hier nicht zu viel preisgeben. So wird die Aussage »verheiratet, zwei Kinder« vom Betrieb gern übersetzt mit »nicht mobil, wird sich nicht voll dem Job widmen«. Weisen Sie gegebenenfalls von sich aus darauf hin, dass die Kinderbetreuung geregelt ist.
- *Schwangerschaft:* In der Regel müssen hier keine Angaben gemacht werden. Mitunter ist es sogar erlaubt zu lügen. Manchmal ist allerdings auch wahrheitsgemäße Auskunft erforderlich. Mehr dazu später unter »Unzulässige Fragen«.
- *Behinderung:* Sofern Auswirkungen auf die spätere Arbeit zu erwarten sind, ist eine wahrheitsgemäße Antwort hier sogar Pflicht. Dies gilt stets bei einer Schwerbehinderung.
- *Lebenslauf:* Stellen Sie Ihren Werdegang so dar, dass ein roter Faden bis zur jetzt zu besprechenden Stelle sichtbar wird, lassen Sie keine Verdacht erregenden mehrmonatigen Lücken sichtbar werden, und formulieren Sie so, dass Sie Werbung für Ihre Qualifikation betreiben. Denn Sie brauchen hier ja nicht nur Daten und Fakten aufzulisten, Sie können dieses Gerüst auch mit Zusatzangaben anfüllen, wie gute Noten, interessante Schwer-

punkte, relevante praktische Erfahrungen, bedeutsame Zusatzaktivitäten, Praktika, Ferienjobs …

- *Wehr- oder Zivildienst:* Weisen Sie darauf hin, falls Sie von der Dienstpflicht befreit sein sollten.
- *Schwachstellen:* Behandeln Sie Ihre persönlichen Schwachstellen auch hier so, wie im Kapitel »Wie präsentieren Sie Ihre Stärken und Schwächen« erläutert, je nach Fall durch Verschweigen, Begründen, Ersatzanbieten oder Dazustehen.
- *Gehalt:* Falls Sie hier bereits nach Ihren Gehaltsvorstellungen gefragt werden, sollten Sie nach Möglichkeit keine Angabe machen. Schreiben Sie, dass Sie diese Frage lieber später im Gespräch erörtern wollen. Denn das Gehalt ist eine Verhandlungssache. Im Gespräch lässt sich flexibel auf neue Informationen reagieren, aber was geschrieben ist, das steht. Wenn Sie eine Angabe machen, nennen Sie zumindest eine Gehaltsspanne, um Verhandlungsbereitschaft anzudeuten.
- *Eintrittstermin:* Hier gilt sinngemäß das Gleiche wie fürs Gehalt. Werfen Sie sich nicht durch eine unbedachte Angabe selber aus dem Rennen. Ergänzen Sie Ihre Angabe zumindest durch einen Zusatz wie »oder früher«, um Flexibilität anzudeuten.

Kapitel 5

Wer sind Ihre Gesprächspartner?

Alle Teilnehmer an Ihrem Vorstellungsgespräch haben je nach ihrer Funktion im Betrieb ihre ganz eigene Interessenlage. Die sollten Sie bei Ihrer Gesprächsführung berücksichtigen. Daher noch einmal die dringende Empfehlung: Bringen Sie die Funktionen Ihrer Gesprächspartner in Erfahrung. Am besten schon telefonisch vor dem Termin, wenn Ihnen die Einladung nichts Näheres verrät, spätestens aber zu Beginn des Gesprächs. Erkundigen Sie sich am Empfang, hören Sie aufmerksam zu, wenn Ihre Gesprächspartner sich vorstellen, oder fragen Sie sie selbst danach.

- In Betrieben ab einer gewissen Größenordnung nimmt die *Personalabteilung* zumindest am Gespräch teil oder führt es sogar allein.
- Mitunter bekommen Sie es aber auch mit externen *Personalberatern* zu tun, die im Auftrag des Unternehmens eine Vorauswahl unter den Kandidaten treffen.
- Oft ist auch die betroffene *Fachabteilung* eingebunden, die ihre eigenen ganz besonderen Interessen hat.
- Und manchmal werden Personalauswahlgespräche auch von der *Geschäftsleitung* selbst geführt, oder sie lässt es sich nicht nehmen, zumindest zeitweise daran teilzunehmen.
- Der wichtigste Teilnehmer sind aber schließlich Sie selbst. Sie erhalten hier einige Tipps, wie Sie in Bezug auf Ihr Verhalten im Gespräch einen erfolgreichen Auftritt absolvieren können.

Wenn Sie wissen, welche Ziele die einzelnen Teilnehmer im Gespräch typischerweise verfolgen, werden Ihre eigenen Antworten viel treffsicherer ausfallen können. Sie erkennen, worauf Sie in Ihrer Gesprächsführung je nach Ihrem Gegenüber den Schwerpunkt legen sollten.

Die Personalabteilung

- ***Wer das ist:*** Ab einer gewissen Größenordnung hat jedes Unternehmen eine Personalabteilung. Bei kleineren Betrieben übernimmt ihre Aufgaben meist die Chefin oder der Chef persönlich oder die Person, die für den kaufmännischen Bereich zuständig ist.

- ***Teilnahme:*** Neben verschiedenen Verwaltungsaufgaben haben Personalabteilungen eben auch mit Personaleinstellungen zu tun. Daher nimmt oft auch eine Mitarbeiterin oder ein Mitarbeiter der Personalabteilung an den Bewerbungsgesprächen teil. Dass Sie es bei Ihrem Termin ausschließlich mit einem Mitglied der Personalabteilung zu tun bekommen, wird insbesondere dann der Fall sein, wenn es um Einsteigerpositionen wie zum Beispiel einen Ausbildungsplatz oder eine Traineestelle geht, um einfache Tätigkeiten oder auch wenn bei diesem Termin erst einmal nur eine Vorauswahl getroffen werden soll und später noch eine zweite Gesprächsrunde ansteht. Oft aber teilen sich die Personalabteilung und die betroffene Fachabteilung die Aufgaben. So nimmt entweder ein Mitglied der Fachabteilung am Gespräch teil, oder es findet ein gesondertes Gespräch mit der Fachabteilung statt.

- ***Stellenwert:*** Eine Abstimmung mit der jeweiligen Fachabteilung wird immer stattfinden, bevor eine Einstellung erfolgt, spätestens bei der abschließenden Besprechung, nachdem sich alle

Kandidatinnen und Kandidaten vorgestellt haben. Bei dieser Abschlussbesprechung hat die Personalabteilung eine beratende Funktion. Diese kann sich zwar durchaus entscheidend auswirken, gegen den erklärten Willen der Fachabteilung wird jedoch keine Einstellung erfolgen.

- ***Blickwinkel:*** Aufgrund ihrer Erfahrung verfügen Angehörige der Personalabteilung über eine breit gefächerte Menschenkenntnis. Ihr Interesse richtet sich speziell darauf, inwieweit die Bewerberin oder der Bewerber vom Typ her die oder der Richtige für die Tätigkeit ist und zu Stelle und Betrieb passt. Es geht ihnen dabei um die Motivation für die Bewerbung, kennzeichnend sind daher Fragen nach Begründungen für Entscheidungen auf dem Lebensweg. Dabei interessieren sie sich auch für Fragen der Plausibilität und Schlüssigkeit von Angaben. Ihr Hauptaugenmerk liegt daher auf dem bisherigen Werdegang der Bewerber, den sie in schriftlicher Form als Lebenslauf ja auch bereits gesehen haben.
  Auch Vertragsverhandlungen fallen ins Gebiet der Personalabteilung. Daneben ist die Personalabteilung auch für alle eher technisch-praktischen Fragen im Zusammenhang mit einem Vorstellungstermin zuständig, von der Teminvereinbarung bis zur Kostenerstattung.
  Wenn mehrere Vertreter des Betriebes teilnehmen, wird es typischerweise auch meist ein Mitglied der Personalabteilung sein, das die Gesprächsführung übernimmt.

- ***Bedeutung für Sie:*** Legen Sie gegenüber Mitarbeitern der Personalabteilung in Ihrer Selbstdarstellung besonderen Wert darauf, dass Ihre Bewerbung bei diesem Betrieb und um diese Stelle in Anbetracht Ihres bisherigen Werdegangs plausibel erscheint, und beachten Sie, dass Ihre Gesprächspartner daher sehr an Begründungen interessiert sind, wenn Sie Entscheidungen auf Ihrem Lebensweg schildern. Dagegen brauchen Sie sich

weniger auf Rückfragen nach Ihrer fachlichen Qualifikation einzustellen, die entweder aufgrund der schriftlichen Vorauswahl als gegeben gilt oder als Sache der Fachabteilung angesehen wird. Was Ihre eigenen Fragen angeht, sind Sie bei der Personalabteilung mit Fragen zum Unternehmen an der richtigen Adresse, während Fragen zur Stelle und Branche von der Fachabteilung besser beantwortet werden können. Auch Dinge wie die Kostenerstattung regelt die Personalabteilung. Und schließlich ist die Personalabteilung auch führend beteiligt, wenn es um Vertragsverhandlungen geht, also insbesondere um Gehalt, Eintrittstermin oder Probezeit.
Abschließend ein Hinweis: Sollten Sie den Vertreter der Personalabteilung absolut unsympathisch finden, dann ist das für Sie nicht so entscheidend, als wenn das gegenüber einem Vertreter der Fachabteilung der Fall wäre. Denn mit dem Mitarbeiter der Personalabteilung werden Sie in Ihrem späteren Arbeitsalltag kaum noch zu tun haben.

Umgang mit Personalabteilungen:

Achten Sie bei der Darstellung Ihres Werdegangs insbesondere darauf, dass Ihre Bewerbung um diese Stelle schlüssig erscheint.

Externe Personalberater

- ***Wer das ist:*** Mitunter übertragen Betriebe die Personalauswahl auch an selbstständige Personalberatungsunternehmen. Vielleicht erwartet der Betrieb hier höhere Fachkompetenz, vielleicht soll eine eigene Personalabteilung eingespart werden. Mitarbeiter von Personalberatungsagenturen sind oftmals psychologisch geschult.

- ***Teilnahme:*** Personalberater können ebenso wie die Personalabteilung mit am Gespräch teilnehmen. Oft aber führen sie die Gespräche zunächst alleine, dann wird es sich stets um eine Vorauswahlrunde handeln, die auch oft in den Räumen der Agentur stattfindet.
  An der zweiten, entscheidenden Runde mit dem engsten Kreise der verbliebenen Kandidaten werden die Personalberater dann zusammen mit Vertretern des Betriebes meist ebenfalls teilnehmen. In aller Regel haben die Personalberater für das Unternehmen auch bereits das vorausgegangene schriftliche Bewerbungsverfahren durchgeführt.

- ***Stellenwert:*** Niemals treffen Personalberater die Entscheidung über eine Einstellung. Sie nehmen die Vorauswahl vor und können Empfehlungen aussprechen, die selbstverständlich hohes Gewicht haben werden, die letzte Entscheidung liegt aber stets beim Betrieb selbst.

- ***Blickwinkel:*** Das Hauptaugenmerk der Personalberater liegt ebenso wie bei der Personalabteilung auf der persönlichen Eignung der Bewerber, sowohl was den beruflichen Werdegang angeht als auch die geforderten Eigenschaften für die Stelle.

- ***Bedeutung für Sie:*** Achten Sie auch hier bei Ihrer Selbstdarstellung insbesondere auf Schlüssigkeit, Begründungen und Glaubwürdigkeit. Fachliche Fragen dagegen werden hier noch weniger eine Rolle spielen, weder werden sie geprüft, noch können sie beantwortet werden.
  Lassen Sie sich bei einer eventuellen Abneigung keineswegs abschrecken, denn diese Leute werden Sie in Ihrem späteren Berufsalltag nun ganz bestimmt nie wieder sehen.

Umgang mit Personalberatern:

Legen Sie besonderen Wert darauf, dass aus Ihrem Werdegang Ihre Eignung für die Stelle deutlich wird und verleihen Sie ihm eine nachvollziehbare Richtung, die zur ausgeschriebenen Stelle führt.

Die Fachabteilung

- ***Wer das ist:*** Bei der Fachabteilung handelt es sich um Ihr vorgesehenes späteres Einsatzfeld. Wenn die Personalabteilung Ihnen mitteilt, dass auch jemand von der fachlichen Seite am Gespräch teilnimmt, dann handelt es sich dabei nicht um irgendein Mitglied des Betriebes, sondern um Ihre künftige direkte Vorgesetzte oder Ihren direkten Vorgesetzten.

- ***Teilnahme:*** Die betreffende Fachabteilung, in der die Stelle zu besetzen ist, wird in den meisten Fällen am Personalauswahlverfahren beteiligt. Oft bereits bei der Vorauswahl aufgrund der eingereichten schriftlichen Unterlagen, meist auch durch Teilnahme am Vorstellungsgespräch. In kleineren Betrieben wird mitunter ein Mitglied der Fachabteilung das Bewerbungsgespräch allein führen.
  Ab einer gewissen Größe findet meist eine Zusammenarbeit mit Personalfachleuten statt. Entweder nehmen sowohl Mitglieder der Fachabteilung als auch aus dem Personalsektor gemeinsam an einem Gespräch teil, oder es finden zwei getrennte Gespräche statt.

- ***Stellenwert:*** In jedem Fall ist nach der Vorstellung aller Bewerber eine abschließende Besprechung aller Beteiligten aus dem Betrieb vorgesehen. An den Wünschen der Fachabteilung vorbei wird wohl keine Personaleinstellung erfolgen. Höchstens wird einmal die Geschäftsleitung der Fachabteilung einen eigenen Wunschkandidaten vor die Nase setzen, ziemlich sicher aber nicht die Personalabteilung.

- ***Blickwinkel:*** Der Fachabteilung liegt in erster Linie daran, dass der künftige Mitarbeiter gut ins bestehende Team passt. So soll in fachlicher Hinsicht die auszuführende Aufgabe gut erfüllt werden, und in persönlicher Hinsicht soll der Kollegenkreis passend ergänzt werden.

- ***Bedeutung für Sie:*** Gegenüber Gesprächsteilnehmern aus der Fachabteilung müssen Sie den Eindruck vermitteln, fachlich kompetent mitreden zu können. Aber das ist vielleicht noch nicht einmal die Hauptsache, denn Ihre fachliche Eignung wurde ja schon aufgrund Ihrer eingereichten Unterlagen gründlich geprüft. Mindestens genauso wichtig ist es, dass Sie einen sympathischen Eindruck hinterlassen, denn Ihr Gesprächspartner muss das Gefühl bekommen, dass er später gern mit Ihnen zusammenarbeiten will. Und umgekehrt müssen auch Sie sich die gleiche Frage stellen: Können Sie sich vorstellen, dass diese Frau oder dieser Mann später Ihr direkter Vorgesetzter ist, mit dem Sie Tag für Tag zusammenarbeiten müssen? Wenn Sie konkrete Fragen zur Stelle oder auch zum Unternehmen haben, sind Sie hier an der richtigen Adresse.

Umgang mit der Fachabteilung:

Rücken Sie gegenüber Gesprächspartnern aus der Fachabteilung Ihre fachliche Eignung ins beste Licht, achten Sie aber auch darauf, dass Sie nie eingestellt werden, wenn es Ihnen nicht gelingt, eine Basis persönlicher Sympathie herzustellen.

Die Geschäftsleitung

- ***Wer das ist:*** Eine Personaleinstellung wird durchaus als eine Chefsache angesehen. Deshalb ist auch die Leiterin oder der Leiter des jeweiligen Betriebs in irgendeiner Form in die Auswahl mit eingebunden. Bei kleinen Unternehmen wird es sich hierbei oft gleichzeitig um den Inhaber handeln. Je kleiner der Betrieb, desto eher ist es auch möglich, dass die Chefin oder der Chef auch Fachabteilung und Personalabteilung in einer Person vereint, zum Beispiel bei einem kleinen Handwerksbetrieb.

- ***Teilnahme:*** Besonders in kleineren Betrieben werden Sie es daher mitunter mit der Chefin oder dem Chef als alleinigem Gesprächspartner zu tun haben. Aber auch in größeren Betrieben lassen es sich die Leiter oft nicht nehmen, an den Gesprächen teilzunehmen. Entweder als weiterer Teilnehmer am eigentlichen Vorstellungsgespräch neben Personal- und Fachabteilung oder indem für jeden Bewerber auch ein kurzes Gespräch mit der Chefin oder dem Chef vorgesehen ist.

- ***Stellenwert:*** Am Votum der Geschäftsführung wird offensichtlich kein Weg vorbeiführen. Allerdings ist es durchaus unterschiedlich, inwieweit Chefin oder Chef sich in die Personalauswahl einmischen. Während manche das gesamte Verfahren beherrschen wollen, geht es anderen nur um einen kurzen persönlichen Eindruck. Immer aber ist die Stimme mitentscheidend.

- ***Blickwinkel:*** Für Geschäftsführer gilt mehr noch als für andere Mitarbeiter: Es ist ihr Betrieb. Sie erwarten mithin eine ganz besondere Identifikation mit dem Unternehmen und seinen Zielen sowie Interesse an seiner Entwicklung. Der Blickwinkel ähnelt also ein wenig einer »Vogelperspektive«. Auch Verhandlungen über Gehalt und sonstige Konditionen sind mitunter Chefsache.

- ***Bedeutung für Sie:*** Bei Geschäftsleitern als Gesprächspartner müssen Sie in besonderem Maße Ihre Motivation für die Stelle unter Beweis stellen und Interesse für die Entwicklungen der Branche zeigen. Grundsätzlich haben Sie hier auch einen kompetenten Ansprechpartner für all Ihre Fragen. Aber mit allzu detaillierten Fragen werden sich Chefs typischerweise nicht abgeben wollen, sprich mit Dingen wie Kostenerstattung oder genauen Arbeitszeitregelungen. Versuchen Sie Detailfragen nach Möglichkeit lieber mit Personal- oder Fachabteilung abzuklären. Persönliche Antipathie Ihrerseits muss hier nicht die gleiche entscheidende Rolle spielen wie beim unmittelbaren Vorgesetzten in Ihrer Fachabteilung, denn mit der Geschäftsführung werden Sie in ihrem späteren Arbeitsalltag gemeinhin nicht viel Kontakt haben.

Umgang mit der Geschäftsführung:

Versuchen Sie sich ein wenig in die »Vogelperspektive« zu versetzen und Dinge im Gesamtzusammenhang zu sehen. Demonstrieren Sie unbedingte Motivation und Branchenkenntnis.

Wie sich Ihre Gesprächspartner vorbereiten

Es ist in verschiedener Hinsicht aufschlussreich zu wissen, wie sich Ihre Gesprächspartner auf das Interview vorbereiten. Im Prinzip fallen hier die gleichen Schritte an wie in Ihrer eigenen Vorbereitung:

- Der Betrieb stellt seine eigenen Anforderungen auf.
- Er informiert sich über die Bewerber.
- Er muss sein eigenes Angebot formulieren.
- Und auch praktische Vorbereitungen sind zu treffen, von der Terminplanung mit mehreren Beteiligten bis hin zur Raumfrage.

Im Einzelnen sehen diese Schritte allerdings etwas anders aus als bei Ihnen.

Die Anforderungen des Betriebs

Ausgangspunkt des ganzen Bewerbungsverfahrens ist, dass im Betrieb ein Personalbedarf festgestellt wird. Dafür gibt es recht unterschiedliche Anlässe:

- Zukunftsplanung (Ausbildung von Lehrlingen, Einstellung von Trainees, Bildung einer Personalreserve)
- Ersatzbedarf (zum Beispiel altersbedingt, durch innerbetrieblichen Aufstieg oder Wechsel, aber auch durch Abwanderung zur Konkurrenz, Entlassung)
- Erweiterung (Personalbedarf aufgrund geschäftlicher Erfolge)

Sie sehen, der Anlass für den Personalbedarf ist nicht ganz unerheblich für Ihre Argumentation und die Fragen, die Sie stellen sollten. Insbesondere bei Ersatzbedarf heißt es (behutsam) die Frage klären, ob es irgendetwas mit dem Betrieb selbst, der Stelle oder den Kollegen zu tun hat, dass diese Stelle frei geworden ist.

Wenn der Personalbedarf feststeht, wird das Unternehmen die Anforderungen formulieren, die an die künftigen Kollegen zu stellen sind, in fachlicher wie in persönlicher Hinsicht. Dafür werden sich die zuständigen Mitarbeiter zusammensetzen. Die Formulierung dieser Bedingungen ist im Wesentlichen Sache der betroffenen Fachabteilung, die Personalabteilung wird gegebenenfalls beratend tätig. Mit diesen Anforderungen werden Sie sich im Gespräch auseinanderzusetzen haben. Die wichtigsten dieser Ansprüche können Ihnen durchaus schon vorher bekannt werden, etwa aus dem Text eines Stellenangebots. Falls Sie einzelne Bedingungen nicht erfüllen können, heißt das noch nicht, dass Sie chancenlos wären. Vielleicht können Sie fehlende Qualifikationen durch andere wettmachen, an die der Betrieb beim Formulieren seiner Anforderungen nicht gedacht hat. Sie merken das daran, dass Sie zum Gespräch eingeladen wurden. Sie sollten sich dann darauf einstellen, auf diese Qualifikationen konkret angesprochen zu werden.

Anschließend muss das Unternehmen entscheiden, auf welchem Wege das neue Personal gefunden werden soll. Sofern der Betrieb eine eigene Personalabteilung hat, fällt das weitere Vorgehen nun im Wesentlichen in deren Zuständigkeit. Grundsätzlich gibt es die folgenden Möglichkeiten zur Personalsuche:

- Veröffentlichung eines Stellenangebots (von Zeitung über Internet bis zum schwarzen Brett)
- Einschaltung von Vermittlern (vom Arbeitsamt bis zu privaten Agenturen)
- Auswertung von Stellengesuchen (Zeitung bis Internet)
- Berücksichtigung passender freier Bewerbungen

In diesem Zusammenhang muss auch geklärt werden, inwieweit das Einstellungsverfahren im eigenen Hause weitergeführt oder einer Personalberatungsfirma übertragen wird.
Werden Sie aufgrund einer freien Bewerbung oder auch Ihres Stellengesuchs eingeladen, müssen Sie mit nur wenig Konkurrenz rechnen. Bei Vorstellungsgesprächen aufgrund eines Stellenangebots oder einer Stellenvermittlung ist die Konkurrenz im Allgemeinen groß.

Information über die Bewerber

Bei der Information über die Gegenseite hat es der Betrieb etwas leichter als Sie. Er lässt sich von den Bewerberinnen und Bewerbern einfach die gewünschten Informationen zuschicken, angefangen vom Lebenslauf über das Bewerbungsschreiben bis zu Anlagen wie Zeugniskopien und Arbeitsproben. Die Auswer-

tung dieser Unterlagen wird zunächst die Personalabteilung übernehmen, soweit vorhanden. Anschließend werden die interessantesten Unterlagen der betroffenen Fachabteilung zugänglich gemacht.
Im Zentrum der Auswertung steht der Lebenslauf, der für den Betrieb die gesamte Qualifikation der Bewerber auf einer oder zwei Seiten zusammenfasst. Das Bewerbungsschreiben wird ergänzend herangezogen. Falls das Ganze vielversprechend erscheint, werden auch die weiteren Anlagen gesichtet. Sehr selten werden noch zusätzlich Erkundigungen eingezogen, etwa bei Personen, die als Referenz genannt wurden, oder bei früheren Arbeitgebern.
Nach dem Studium der vorliegenden Informationen werden Ihren Gesprächspartnern Fragen verbleiben. In einigen Punkten wollen sie noch mehr wissen über Ihre Qualifikation, in anderen Punkten haben sie etwas nicht verstanden oder sind womöglich sogar skeptisch. Zumindest fragen Sie sich, was für ein Mensch hinter den Daten und Fakten steht und ob er ins bestehende Team und zur Stelle passt. Und warum er sich beworben hat. All diese offenen Fragen werden Ihnen im Gespräch begegnen.
Aufgrund der schriftlichen Bewerbungsunterlagen wird dann als Vorauswahl entschieden, wer interessant genug für eine genaue Überprüfung erscheint. Dieser engste Kreis von Kandidaten wird dann zu Vorstellungsgesprächen geladen.
Alles, was Sie in Ihren schriftlichen Unterlagen mitgeteilt haben, weiß der Betrieb also. Allerdings nur im Prinzip. Leider werden die Unterlagen nicht von jedem Gesprächsteilnehmer besonders gründlich studiert. Am ehesten erfolgt das noch bei der vorauswählenden Stelle, also der Personalabteilung. In der Fachabteilung oder Geschäftsführung kann es aber auch passieren, dass die vorab zugeleiteten Unterlagen gar nicht gelesen werden oder nur knapp überflogen. Dennoch sollten Sie sich vor dem Gespräch noch einmal in Erinnerung rufen, was Sie dem Betrieb über sich mitgeteilt haben, damit es im Gespräch nicht etwa zu Widersprüchen mit den Unterlagen kommt. Im Übrigen sollten Sie an den Informations-

stand Ihrer Gesprächspartner nicht unbedingt allzu große Erwartungen stellen. Insbesondere müssen Sie keine große Scheu davor haben, dass Sie sich womöglich wiederholen könnten.

Das Angebot des Betriebes

In gewissem Rahmen wird sich das Unternehmen auch darüber Gedanken machen, wie es Ihnen Stelle und Betrieb schmackhaft machen kann. Gegebenenfalls wird das vor allem die Aufgabe der Personalabteilung sein. Allerdings wird der Aufwand hierfür nicht vergleichbar sein mit Ihrer eigenen Vorbereitung der Frage, was Sie Ihrerseits dem Unternehmen zu bieten haben.
Was aber der Betrieb jedenfalls schon im Voraus klären wird, ist die Frage der möglichen Vergütung, aber auch der sonstigen Konditionen wie der Arbeitszeiten oder des vorgesehenen Einstellungstermins. Hier wird in irgendeiner Form letztlich auch die Geschäftsführung mit einbezogen. Das Ergebnis könnte so aussehen, dass ein gewisser Verhandlungsrahmen festgelegt wird. In diesen Rahmen werden dann Sie mit Ihren Gehaltsvorstellungen hineinpassen müssen.

Die praktische Seite

Zur Vorbereitung auf Seiten des Betriebes gehört auch ein nicht unbeträchtlicher praktisch-organisatorischer Teil. So sind zunächst die Terminpläne einer ganzen Reihe von Personen zu koordinieren, die an der Gesprächsrunde teilnehmen werden, angefangen von der Personalabteilung über Teilnehmer aus der betroffenen Fachabteilung bis eventuell hin zur Geschäftsführung, und dann natürlich nicht zuletzt der verschiedenen Bewerberinnen und Bewerber. Das Ganze muss eingepasst werden in einen engen Zeitrahmen von wenigen Wochen, innerhalb derer das Personalproblem gelöst sein soll. Dann muss Einigkeit über die organisatorischen Abläufe erzielt werden, also wer nimmt überhaupt teil, wie viele Gesprächsrunden sind vorgesehen, soll es Tests geben oder sogar ein Assessment-

center und Ähnliches. Und letztlich müssen zu den jeweiligen Terminen auch noch geeignete freie Räumlichkeiten gefunden werden.
Dies alles zeigt Ihnen, dass Sie mit Ihren Terminwünschen nicht allzu wählerisch sein können. Man wird sicherlich bereit sein, Ihnen entgegenzukommen, aber wenn sich Terminvorstellungen gar nicht vereinbaren lassen, dann wird der Betrieb auch bereit sein, auf Ihre Teilnahme zu verzichten.

Ihr eigener Auftritt

Nun aber zum wichtigsten Gesprächsteilnehmer: Ihnen selbst. Wie legen Sie einen überzeugenden Auftritt hin? Wobei damit jetzt erst einmal Ihr Verhalten gemeint ist, die inhaltlichen Fragen werden in den folgenden Kapiteln besprochen.

- ***Aufregung:*** Mehr oder weniger aufgeregt ist vor einem solchen Termin wohl jeder. Schließlich geht es ja um Einiges. Wenn Sie die folgenden Überlegungen gründlich nachvollziehen, sollte Ihnen das die gebotene Sicherheit für Ihr Gespräch geben:

Checkliste:

(☑)

Sie sollten sich aufgrund Ihrer bisherigen Informationen sicher sein, dass es sich um eine geeignete Stelle für Sie handelt.
Denn nur wenn Sie ein unbedingtes Interesse an der Stelle in sich spüren, wird sich das auch überzeugend auf Ihre Gesprächspartner übertragen, die dann den wichtigen Eindruck gewinnen, dass Sie wirklich motiviert sind. Und umgekehrt betrachtet hätten ja auch schließlich mittelfristig weder Sie noch Ihr Arbeitgeber etwas davon, wenn Sie eine Stelle besetzen, die nicht für Sie geeignet ist. ☐

Sehen Sie es so, dass der Betrieb ein Problem hat, und Sie können die Lösung dafür sein.
Das Unternehmen hat eine offene Stelle, und man hält Sie aufgrund der bisherigen Unterlagen prinzipiell für geeignet, diese Stelle zu übernehmen. Wenn Sie zum Vorstellungsgespräch eingeladen wurden, gehören Sie zum engsten Kreis von vielleicht noch 10 Prozent der Bewerber. Es geht nur noch um die Klärung von Details. ❑

Ihre gute Vorbereitung wird Ihnen große Sicherheit fürs Gespräch verleihen.
Das heißt, Sie haben detailliert im Kopf, was Sie zu bieten haben. Sie haben klare Vorstellungen, was Sie selbst wollen. Sie sind ordentlich informiert über Branche, Betrieb und Tätigkeit. Sie sind angemessen für das Gespräch gekleidet. ❑

Sie wissen aufgrund dieses Ratgebers bereits im Großen und Ganzen, was Sie erwartet.
Ihr Wissen darüber, welche Hintergründe und unausgesprochenen Regeln die Abläufe bestimmen, wer Ihre Gesprächspartner sein werden und welche Fragen zu erwarten sind, wird Ihnen Sicherheit verleihen. ❑

Im Übrigen: Erfahrene Gesprächspartner wissen natürlich, dass Sie etwas nervös sein werden, und tragen deshalb von sich aus dazu bei, eine entspannte Gesprächsatmosphäre zu schaffen.

Durch die mentale Vorbereitung packen Sie das Problem Unsicherheit an der Wurzel, und Ihre so gewonnene innere Sicherheit wird auch auf Ihre Gesprächspartner ausstrahlen. Das wird Ihnen letztlich mehr nützen als alle Kenntnis über unbewusste Körpersprache. Solches Wissen verleitet Sie nur, während des Gesprächs krampfhaft darauf zu achten, dass Ihre Körperhaltung Ihren Gesprächspartnern nicht etwa irgendwelche Unsicherheit vermittelt. Damit konzentrieren Sie sich aber auf Nebensächlichkeiten statt aufs Gespräch. Und wahrscheinlich werden Ihre Gesprächspartner Ihre Unsicherheit dennoch spüren.

Es ist wichtiger, die Ursachen von Unsicherheiten zu behandeln als nur die äußeren Symptome.

- *Sympathie:* Nun wird es im Vorstellungsgespräch eher weniger um Ihre fachliche Eignung gehen (das gilt oft schon als weitgehend geklärt) als vielmehr um Ihre persönliche Eignung (daher ja auch ein persönliches Treffen). Und darüber hinaus auch ganz stark um Sympathie.
  Besonders wichtig ist es, die Sympathie von Gesprächspartnern aus der Fachabteilung zu gewinnen. Denn schließlich sind Sie ja unter Umständen die neue Kollegin oder der neue Kollege, mit der oder dem man dann täglich wird zusammenarbeiten müssen.
  Das mögen Sie ungerecht finden, denn es ist schließlich nicht objektiv, auf Ihre Qualifikation bezogen. Es ist aber nun mal eine Tatsache, der Sie sich stellen müssen.
  Wenn Sie jedoch die folgenden, eigentlich recht einfachen Ratschläge für Ihre Gesprächsführung beachten, dann können Sie Ihren Gesprächspartnern durchaus dabei helfen, Sie sympathisch zu finden:

Checkliste:

	(☑)
Finden Sie Ihren Gesprächspartner sympathisch. Das überträgt sich.	❑
Suchen Sie offenen Blickkontakt. Blickkontakt schafft Vertrauen. Es irritiert Gesprächspartner, wenn jemand nur auf den Boden, in seine Unterlagen oder aus dem Fenster schaut.	❑
Beziehen Sie alle Anwesenden ein, wenn Sie etwas sagen. Wer sich ausgeschlossen fühlt, neigt zu negativem Urteil. Außerdem passiert es allzu leicht, dass man jemand zu Unrecht für unwichtig hält.	❑

Versuchen Sie trotz aller Anspannung, freundlich zu blicken und nicht ernst.
Ein freundlicher Gesichtsausdruck wirkt immer viel sympathischer. ❑

Hören Sie gut zu, antworten Sie bereitwillig, sprechen Sie laut und deutlich.
Eine gut funktionierende Kommunikation ist die Grundlage für ein gutes Einverständnis. ❑

Reden Sie Ihren Gesprächspartner auch einmal mit Namen an.
Das verbessert die Beziehung, sofern es nicht übertrieben wird. ❑

Wenn es Ihnen gelingt, bei aller Konzentration auf die inhaltliche Auseinandersetzung auch diese Ratschläge zu beherzigen, dann dürfte von Ihrem persönlichen Auftreten her eigentlich nichts mehr schief gehen.

Kapitel 6

Was werden Sie gefragt?

Was sind nun die Themen eines Vorstellungsgesprächs? Es geht um dieselben drei großen Bereiche, die sich auch in Ihrer Vorbereitung widerspiegeln:

- *Was Sie zu bieten haben. Sie werben dafür, der Betrieb prüft.* Neben der fachlichen geht es vor allem um die persönliche Eignung. Ihre Gesprächspartner werden dazu Fragen stellen und Sie beobachten. Da diese spezielle Art von Fragen zu fatalen Missverständnissen führen kann, ist ihnen zu Beginn ein eigener Abschnitt gewidmet.

- *Was die Stelle zu bieten hat. Sie prüfen, der Betrieb wirbt für sich.* Hier fließen Ihre Ansprüche, Ihre Informationsbeschaffung und Ihre offenen Fragen aus der Vorbereitungszeit ein.

- *Die Vertragsbedingungen. Beide Seiten verhandeln.* Wenn das gegenseitige Werben und Prüfen so weit abgeschlossen ist, dass eine Einigung aussichtsreich erscheint, dann werden abschließend auch schon die wesentlichen Bedingungen abgesteckt, unter denen diese erfolgen könnte. Das sind insbesondere Fragen wie Gehalt, Arbeitszeiten und sonstige Konditionen eines Arbeitsvertrags.

Typischerweise wird das, was Sie zu bieten haben, im Gespräch weit größeren Raum einnehmen als Fragen zur Stelle. Die Gehaltsfrage wird nur bei sich abzeichnendem Interesse und dann gegen Ende des Gesprächs behandelt.

Vorab: Wie Sie die Fragen verstehen müssen

- *Wieso soll ich denen meinen Lebenslauf erzählen? Zumal die den doch auch längst schriftlich haben?*
- *Warum fragt die mich jetzt, wieso ich auf der Schule gerade diese Leistungskurse gewählt hatte, das liegt doch schon ewig lang zurück?*
- *Hobbies? Weshalb soll ich dem denn von meinen Hobbies erzählen?*
- *Huch, jetzt fragt die mich auf einmal was auf Französisch?*

Eine ganz typische Situation im Vorstellungsgespräch. Die Gegenseite stellt Fragen. Und man weiß gar nicht so recht, worauf die eigentlich hinauslaufen sollen, ist verunsichert. Was hat das denn mit meiner Stellenbewerbung zu tun?
Leicht vermuten die einen nun eine hinterhältige Falle, wissen nur nicht so recht, welcher Art. Oder die anderen denken arglos an ein sachliches Ratespiel, wie etwa im Fernsehen oder bei einer Antragstellung im Rathaus.
Beides trifft nicht zu. Ehe man jetzt in die falsche Richtung antwortet, etwa patzig wird (»Das wissen Sie doch längst!« – »Was geht Sie das an!«), oder einfach folgsam-langatmig Daten und Fakten herunterleiert: Wenn Sie wissen, worauf die Fragen hinauswollen und warum sie so seltsam verklausuliert gestellt werden, wird Ihnen das richtige Antworten leichter fallen.

Indirekte Fragen

Im Grunde ist die Lösung ganz einfach. Der Betrieb will in einen neuen Mitarbeiter investieren. Vor einer größeren Neuanschaffung will ja auch im Alltagsleben genau geprüft sein, welchen Nutzen der Einkauf erwarten lässt. Als geeignete Grundlage für die Begutachtung eines neuen Mitarbeiters steht dem Unternehmen im Wesentlichen der bisherige berufliche Werdegang des Bewerbers zur Verfügung. Aus dessen Kenntnissen, Fähigkeiten, Erfahrungen und Eigenschaften auf dem bisherigen Lebensweg soll dann auf die zu erwartenden Leistungen auf der neuen Stelle geschlossen werden. Daher steht der Lebenslauf im weitesten Sinne im Mittelpunkt des Vorstellungsgesprächs.
Konkreter gesagt: Alle diese Fragen zielen darauf, was Sie zu bieten haben. Erkundet werden soll Ihre Eignung für die Stelle. Dies sowohl in fachlicher Hinsicht (was allerdings bereits im vorangegangenen schriftlichen Teil des Bewerbungsverfahrens in großem Maße abgeklärt wurde) als auch ganz besonders in persönlicher Hinsicht, also in Bezug auf Ihre Eigenschaften und besonderen Kenntnisse und Fähigkeiten, denn darüber ist aus schriftlichen Unterlagen weit weniger herauszubekommen.
Die Hauptfragen lauten:

- Sind die erforderlichen Eigenschaften für die Stelle vorhanden?
- Passt die Kandidatin oder der Kandidat fachlich und persönlich gut ins bestehende Team (anders gesagt: Ist sie oder er sympathisch)?
- Passt die Stelle umgekehrt auch gut zu den Interessen der Bewerberin beziehungsweise des Bewerbers, das heißt ist sie oder er auch wirklich motiviert, diese Tätigkeit aufzunehmen?
- Und schließlich: Sind in einigen Zweifelsfällen die Angaben auch wirklich glaubwürdig und plausibel?

Zu diesem Zweck wird der Werdegang erkundet. Nun könnte man Sie ja auch ganz einfach direkt danach fragen: Haben Sie die nöti-

gen Eigenschaften für die Stelle? Passen Sie gut in unser Team? Ist das auch die richtige Stelle für Sie? Stimmt auch alles, was Sie uns sagen?
Dem steht aber die Vermutung entgegen, dass den Antworten der Bewerber auf solche direkten Fragen nicht zu trauen wäre, sondern dass Bewerber schwindeln könnten, besonders leicht bei Fragen nach der Persönlichkeit, um die Stelle zu bekommen. Deshalb wird eher auf Fragen gesetzt, bei denen die Bewerber den direkten Zusammenhang zum Anlass für die Frage nicht gleich erkennen, weil dadurch eher mit wahrheitsgemäßen statt zweckgerichteten Antworten gerechnet wird.
Die voraussichtliche Eignung wird dann auf verschiedene Weise aus den Antworten gefolgert:

- Natürlich zunächst durchaus aus den direkten Angaben der Bewerber.
- Dann aber auch durch das Horchen auf Zwischentöne, auf Atmosphärisches.
- Und schließlich durch Beobachtung des Auftritts im Ganzen.

Auf diese Weise erklärt sich die verbreitete Technik des indirekten Fragens in Vorstellungsgesprächen.

Was bedeutet das nun dafür, worauf Sie bei Ihren Antworten achten sollten:

- All Ihre Antworten sollen für Ihr persönliches Angebot, Ihre Eigenschaften werben.
- Sie wollen mit Ihrem Verhalten die Sympathie Ihrer Gesprächspartner erringen.
- Die Schilderung Ihres Lebensweges soll erkennen lassen, dass die Richtung stimmt, also auf die zu vergebende Stelle weist, und Ihre Motivation belegen.

- Und Sie müssen darauf achten, dass Ihre Ausführungen für jemanden, der Sie nicht kennt, überzeugend, nachvollziehbar und glaubwürdig klingen.

Einige Beispiele für die praktische Umsetzung:

- Bei der Frage nach Ihrem Lebenslauf reihen Sie nicht langweilig Daten und Fakten aneinander. Die kennen Ihre Gesprächspartner schon aus Ihren schriftlichen Unterlagen. Sondern Sie heben Einzelnes (vielleicht zwei, drei Punkte) besonders hervor, das für Sie wirbt: Stationen, Ergebnisse, Aktivitäten, die nach Ihrer Überzeugung Ihre Eignung für die Stelle besonders belegen.
- Die Wahl Ihrer Leistungskurse an der Schule erfolgte nicht, weil Ihnen nichts Besseres einfiel oder weil das der Weg des geringsten Widerstands schien, sondern weil das Ihrer Eignung und Ihren Interessen am besten entsprach. Und natürlich sind das dann auch Interessen, die zu dieser Stelle gut passen. Sie wissen also, was Sie wollen und zeigen Ihre Motivation.
- Sie zählen nicht alle beliebigen Hobbies auf, sondern greifen solche heraus, die Eigenschaften nahe legen, mit denen Sie gut zu der Stelle beziehungsweise gut ins Team passen.
- Sie finden es nicht albern, etwas auf Französisch zu antworten, sondern sagen ein paar Sätze, um zu belegen, dass Ihre Behauptung nicht aus der Luft gegriffen ist, fließend Französisch zu sprechen.

Wie Sie in diesem Zusammenhang mit Ihren Schwachpunkten umgehen, dazu mehr im nächsten Kapitel.

Direkter Ton

Grundsätzlich wird es in Vorstellungsgesprächen freundlich und fair zugehen. Denn der Betrieb will schließlich auch etwas von Ihnen, er hält Sie nach seinem bisherigen Eindruck für einen geeigneten Kandidaten und womöglich sind Sie ja eine künftige Kollegin oder ein künftiger Kollege.

Andererseits geht es hier natürlich auch um eine Art Prüfung. Wenn man aber ein Angebot prüft, dann muss man auch schon mal nachbohren. Und dann kann der Ton schon einmal etwas direkter werden. Das sollte jedoch kein Problem für Sie darstellen, solange die Fragen sachlich bleiben.

Sie werden es nur sehr selten erleben, dass ein Interview-Partner Sie von oben herab behandelt, unfreundlich wird oder unverschämte Fragen stellt. (Zum Umgang mit unzulässigen Fragen folgt ein eigener Abschnitt weiter unten.) In einigen Fällen wird es sich dann um ein regelrecht geplantes »Stress-Interview« handeln. Damit müssen Sie allerdings in der Mehrzahl der Fälle nicht rechnen, sondern nur, wenn es um ganz bestimmte Positionen geht. Mit solcherart provokanten oder unverschämten Fragen könnte zum Beispiel ein angehender Vertreter oder Manager konfrontiert werden. Es geht also um Stellen, in denen es auf die Fähigkeit ankommt, mit Stress umzugehen. Es handelt sich mithin um eine Art Test, ob das ein wirklich faires Verfahren ist, sei dahingestellt.

In wenigen anderen Fällen kann es dagegen vorkommen, dass Ihr Gesprächspartner unabsichtlich ein »Stress-Interview« führt. Das kann passieren, wenn er etwa mit dem falschen Bein aufgestanden ist. Es kann aber auch daran liegen, dass manche Menschen von ihrem Typ her schlichtweg nicht geeignet sind, solche Gespräche zu führen. Wie aber sollten Sie in solchen Stress-Fällen antworten? Die Grundregel lautet:

- Nie gefühlsmäßig reagieren, nicht provozieren lassen, nicht beleidigt sein, denn wer sich erregt, begeht leichter Fehler und macht sich angreifbar.

- Sondern nicht aus der Ruhe bringen lassen, immer sachlich bleiben, erklären, begründen.

Dazu noch einige taktische Tipps:

- Bei unsachlichen Bemerkungen oder Fragen können Sie so tun, als hätten Sie diese überhört, und Sie knüpfen stattdessen an eine frühere Frage an.
- Oder Sie können die Bemerkung oder Frage bewusst falsch verstehen und antworten knapp am Thema vorbei oder nichtssagend oder gehen auf einen Nebenaspekt ein.
- Um erst einmal Zeit zum Antworten zu gewinnen, können Sie noch einmal nachfragen (»Verstehe ich richtig, dass Sie …«).
- Falsche Behauptungen werden besser nicht glatt zurückgewiesen, sondern mit einem »Ja, aber« (»Ich gebe Ihnen Recht, aber finden Sie nicht auch …?«).
- Bei ganz unsachlichen Fragen können Sie auch ruhig erklären, dass Sie nicht verstehen, was die Frage mit der Stelle zu tun hat.
- Oder Sie antworten mit einer Gegenfrage (»Wie haben Sie als Vater denn die Kinderbetreuung geregelt?«)

Was Sie zu bieten haben

Das wird im Vordergrund des Gesprächs stehen: Was Sie dem Betrieb zu bieten haben, falls Sie auf der zu vergebenden Stelle eingesetzt werden.
Die beiden Seiten haben dabei die folgenden Interessen:

- Sie selbst wollen für Ihr Angebot werben.
- Der Betrieb will Ihr Angebot prüfen.

Im Idealfall wird Ihre Eigenwerbung den prüfenden Betrieb überzeugen. Ihr Angebot geht dabei aus Ihrem Lebenslauf hervor, Ihrem bisherigen beruflichen Werdegang. Es umfasst, wie in der Vorbereitungsphase gesehen, Ihre Stärken, aber auch Ihre Schwachstellen.

Den ersten Rang wird dabei das Prüfinteresse des Betriebes einnehmen. Seine Fragen werden dabei um folgende Themen kreisen:

- Ihr Lebenslauf als Grundlage seiner Beurteilung
- Ihre fachlichen Fähigkeiten
- Ihr persönlicher Eindruck
- Begründungen für die Entscheidungen auf Ihrem Lebensweg
- Überprüfung von Angaben

Insgesamt geht es dem Unternehmen dabei um vier Dinge: Man will Ihre Eignung für die Stelle herausfinden, in fachlicher wie in persönlicher Hinsicht. Man will erkunden, inwieweit Sie ins bestehende Team passen. Man möchte Ihre Motivation herausarbeiten, diese Stelle anzunehmen. Und man möchte Zweifel ausräumen.

Fragen nach Ihrem Lebenslauf

»Vielleicht könnten Sie uns zum Auftakt ja einmal Ihren bisherigen Lebenslauf vortragen?«

Ihr Lebenslauf im weitesten Sinne stellt für den Betrieb die wesentliche Grundlage seiner Prüfung dar. Er spiegelt Ihre Qualifikation wider und entspricht Ihrem persönlichen Angebot, das Sie in der Vorbereitungsphase zusammengetragen haben. Die Frage wird relativ häufig und dann gern gegen Anfang des Gesprächs gestellt.

➤ *Ihre Antwort:* Es geht hier weniger um ein Referat über Daten und Fakten. Denn im Normalfall haben Sie Ihren Lebenslauf ja schon schriftlich eingereicht, und Ihre Gesprächspartner haben ihn gelesen. (Darauf allerdings dürfen Sie sich leider nicht hundertprozentig verlassen. Mancher Ihrer Gesprächspartner wird dafür auch schlicht zu faul gewesen sein.) Es geht hier vielmehr darum, einen kleinen Vortrag zu halten, der zunächst einmal für Ihre Zuhörer auch ein wenig spannend ist, aber vor allem Ihre stärksten Argumente beinhalten sollte, die Sie in Ihrer Vorbereitungsphase zusammengetragen haben. Weiterhin sollte er die Entscheidungen Ihres Lebenswegs als schlüssig und zielgerichtet erscheinen lassen und zu erkennen geben, warum Sie sich aufgrund dieses Lebensweges nun für diese Stelle interessieren. Das wird Ihnen wahrscheinlich nicht aus dem Stegreif gelingen, weshalb Ihnen oben unter Generalprobe empfohlen wurde, einen solchen Vortrag vorzubereiten.

Fragen nach einzelnen Stationen Ihres Lebenslaufs

»Erzählen Sie doch einmal von Ihrem Studium.«

Ihre Gesprächspartner können an der entsprechenden Stelle Ihrer Lebenslaufschilderung einhaken, oder sie können auch direkt nach einer ihnen besonders interessant erscheinenden Station Ihres Lebenslaufs fragen. Die Motive für die Frage können je nach dem Zusammenhang recht vielfältig sein. Vielleicht geht es hier um besondere Fragen Ihrer Eignung für die Stelle, wahrscheinlich steht aber die Schlüssigkeit und Motivation Ihrer Entscheidungen im Mittelpunkt, unter Umständen sollen auch bestimmte Zweifel und Unklarheiten ausgeräumt werden.

➤ *Ihre Antwort:* Auch hier geht es nicht in erster Linie um nüchterne Daten und Fakten. Sie sollten hier Einzelheiten wie Noten und Abschlüsse, Schwerpunkte oder freiwillige Zusatzaktivitäten vortragen und sich dabei daran orientieren, welche Punkte im Hinblick auf Ihre Eignung und Motivation für diese Stelle vorteilhaft sein könnten.

Fachbezogene Fragen

»Was würden Sie tun, wenn sich Ihnen das folgende Problem stellte: ...?«

Hin und wieder kommt es vor, dass auch im Vorstellungsgespräch Fachfragen gestellt werden. Die Fragen kommen dann höchstwahrscheinlich von einem Mitglied der Fachabteilung. Es handelt sich dann also um eine Art Test. Wenn im Laufe des Termins ausführliche fachliche Tests vorgesehen sind, wird Ihnen das in der Regel aber vorher mitgeteilt.

➤ *Ihre Antwort:* Hier ist im Wesentlichen Ihre fachliche Kompetenz angesprochen. Denken Sie aber auch daran, dass Ihre Art zu antworten auch über die Sympathie Ihrer künftigen Kollegen mitentscheiden wird.

Fragen zur Person

»Und was machen Sie am liebsten, wenn Sie nicht im Dienst sind?«

Die Erkundung Ihrer Person steht geradezu im Mittelpunkt des Vorstellungsgesprächs. Zum Thema werden können Ihre persönlichen Eigenschaften, Ihre besonderen Kenntnisse und Fähigkeiten sowie Ihre Freizeitaktivitäten. Ihren Gesprächspartnern geht es dabei um zweierlei: Erstens soll festgestellt werden, ob Sie die erforderlichen persönlichen Eigenschaften für die Stelle mitbringen. Zweitens geht es aber auch um die Frage, inwieweit Sie von Ihrem Typ her gut ins bestehende Team passen.
Diese Fragen stehen im Mittelpunkt, weil darüber, im Unterschied zur fachlichen Seite, die schriftlichen Unterlagen meist so gut wie nichts hergeben. Am ehesten können hier noch Arbeitszeugnisse einen gewissen Einblick bieten. Allerdings werden zu diesem Thema in aller Regel keine direkten Fragen gestellt. Das kommt zwar

auch vor, zum Beispiel: »Was halten Sie für Ihre hervorstechendsten Eigenschaften?« Doch meist herrscht die Ansicht vor, dass solch direktes Fragen wenig bringt, da einerseits die Fragen zu durchschaubar sind und andererseits mancher sich gar nicht zutreffend selbst beurteilen kann. Eher werden Fragen aus dem Lebenslauf gestellt, zum Beispiel nach beruflichen Erfahrungen in der Vergangenheit oder wie in der obigen Eingangsfrage nach dem Freizeitverhalten; oder es werden fiktive Situationen geschildert mit der Anschlussfrage: »Was würden Sie in einem solchen Fall machen«; oder es wird sogar ein wenig getestet, gelegentlich bis hin zum »Stress-Interview«. Jedenfalls wollen sich Ihre Gesprächspartner aufgrund Ihrer Antworten und Ihres Verhaltens ihr eigenes Bild von Ihren Eigenschaften machen.

➤ *Ihre Antwort:* Was die Sympathie betrifft, so können Sie im Grunde nur versuchen, durch Ihr Verhalten – wie oben im Abschnitt »Ihr eigener Auftritt« geschildert – den Eindruck Ihrer Gesprächspartner positiv zu beeinflussen. Was andererseits Ihre persönlichen Eigenschaften angeht, so sollten Sie in Ihren Antworten tunlichst nur diejenigen Eigenschaften darstellen, die Ihrer Einschätzung nach auf der jeweiligen Stelle gefragt sind. Es wirkt sicher sympathisch, auch ein, zwei Schwächen zuzugeben; achten Sie aber darauf, dass es nicht gerade Eigenschaften sind, die Sie für die Stelle brauchen würden.
Das meiste jedoch werden Ihre Gesprächspartner ohnehin nicht den direkten Antworten, sondern vielmehr ihren Beobachtungen entnehmen wollen. Hierzu die Empfehlung: Versuchen Sie nicht, während Ihres Vorstellungsgesprächs eine Rolle zu spielen. Es wird Ihnen ohnehin nicht gelingen, erfahrenen Personalfachleuten etwas vorzuspielen, zumindest nicht über die ganze Dauer des Termins. Und wenn Sie es andersherum betrachten: Wenn Sie die erforderlichen Eigenschaften für die Stelle wirklich nicht mitbringen, was hätten dann auf mittlere Sicht sowohl Sie als auch der Betrieb davon, wenn Sie die Stelle bekämen?

Unzulässige Fragen zur Person

»Sie sind 28. Da planen Sie doch sicher in absehbarer Zeit die Gründung einer Familie?«

Wie gesagt: Fragen zu Ihrer Person stehen im Mittelpunkt des Vorstellungsgesprächs. Aber da gibt es auch Dinge, die Ihren möglichen Arbeitgeber einfach nichts angehen. Außer um Familienplanung kann es da um die verschiedensten Dinge gehen, von Krankheiten über private Schulden bis zu Parteimitgliedschaften.
Die Motivation für solche Fragen ist klar: Ein Arbeitgeber will unerwünschte Auswirkungen auf die Betriebsabläufe ausschließen, zum Beispiel dass ein Gewerkschaftsmitglied versuchen könnte, in seinem Unternehmen einen Betriebsrat zu gründen; oder dass eine Mitarbeiterin zur Kindererziehung Elternzeit nimmt (bei Männern wird so etwas übrigens nie befürchtet). Nur dass er in diesen und ähnlichen Fällen kein Recht dazu hat.

➤ *Ihre Antwort:* Solche Fragen können Sie in ein Dilemma stürzen. Denn grundsätzlich verbotene Fragen gibt es in einem Vorstellungsgespräch nicht. Und im Prinzip sind Sie sogar zu wahrheitsgemäßen Antworten verpflichtet. Schlimmstenfalls drohen sogar Konsequenzen bis hin zum Schadensersatz, wenn aufgrund falscher Angaben ein Arbeitsvertrag geschlossen wurde. Andererseits sehen Sie voraus, dass Sie sich mit manchen wahrheitsgemäßen Antworten um alle Chancen auf eine Einstellung bringen würden.

Allerdings beschränkt die Rechtsprechung Ihre Pflicht zu wahrheitsgemäßen Antworten auf Fragen, an denen der Arbeitgeber ein berechtigtes Interesse hat. Das heißt, die Umstände, nach denen er sich erkundigt, müssen mögliche Auswirkungen auf die spätere Arbeit haben, und falls es sich dabei um negative Auswirkungen handelt, dürfen sie nicht zumutbar sein. Beispiel: Wenn ein angehender Kraftfahrer Alkoholiker ist, dann geht das einen Spediteur sehr wohl etwas an. Wenn eine junge Mitarbeiterin wegen Schwangerschaft ausfällt, dann hat das zwar auf die Arbeit Einfluss, damit muss der Betrieb aber leben.

Jetzt wissen Sie zwar, dass Sie in bestimmten Fällen die Auskunft verweigern dürfen. Aber so richtig hilft Ihnen das in der konkreten Situation auch nicht weiter, falls Ihnen tatsächlich im Vorstellungsgespräch eine solch heikle Frage gestellt werden sollte. Denn mit einer brüsken Zurückweisung laufen Sie natürlich Gefahr, entweder trotzdem Verdacht zu erregen oder zumindest die gute Gesprächsatmosphäre zu zerstören und sich so ebenfalls um die Chancen auf eine Einstellung zu bringen.

Von Ihnen wird also nun das Fingerspitzengefühl verlangt, das Ihr Gegenüber mit seiner unzulässigen Frage vermissen lässt. Am einfachsten ist es natürlich, wenn Sie lügen, was voraussetzt, dass Sie erkennen, dass der Betrieb kein berechtigtes Interesse an dieser Auskunft hat. Allerdings muss dann diese Lüge auch noch glaubwürdig sein … Das mag bei Fragen etwa nach privaten Schulden und Religionszugehörigkeiten noch relativ leicht zu machen sein. Schwieriger wird es aber etwa beim Thema Familienplanung und hier ganz speziell für junge Frauen. Auf die Frage, ob Sie sich vorstellen können, einmal Kinder zu haben, nimmt Ihnen ein schlichtes Nein schließlich keiner ab. Daher für diesen speziellen Fall noch ein konkreter Tipp:

Bei der Frage nach möglichen Kindern in der Zukunft sollten Sie von der Tendenz her so argumentieren, dass Sie selbstverständlich Kinder nicht für alle Zukunft ausschließen könnten, dass Ihnen aber jetzt und auf mittlere Sicht erst einmal Ihre Karriere wichtig sei. Und mit Ihrem Partner sei das auch genau so abgesprochen, er unterstützt Ihre Pläne.

Eine bestehende Schwangerschaft dürfen Sie in den meisten Fällen sogar folgenlos abstreiten (siehe nächste Seite).

Welche Fragen sind unzulässig?

- *Schwangerschaft:*
  Die berüchtigte Frage »Sie sind ja nicht etwa schwanger?« gilt fast immer als unzulässig und darf dann sogar wissentlich falsch beantwortet werden. Es gibt allerdings auch einige Ausnahmen, bei denen Gerichte ein berechtigtes Interesse des Arbeitgebers an dieser Frage anerkennen, so etwa wenn es um eine befristete Stelle geht oder wenn eine Schwangere die betreffende Arbeit objektiv nicht ausführen könnte, sei es nun schwere körperliche Arbeit, sei es ein Auftritt als Balletttänzerin.

- *Krankheit:*
  Krankheiten sind dann reine Privatsache, wenn sie ohne Einfluss auf die tägliche Arbeit bleiben. Anderenfalls hat der Arbeitgeber ein Auskunftsrecht. Ein Beispiel dafür: eine Allergie, die den Umgang mit bestimmten Arbeitsstoffen verbietet. Eine vorübergehende Erkrankung wie etwa eine Grippe interessiert hier freilich nicht. Ebenso wenig frühere Krankheiten, die geheilt sind. Oft wird die direkte Frage auch durch eine ärztliche Eingangsuntersuchung vor Aufnahme der Tätigkeit ersetzt.

- *Behinderung:*
  Die Frage nach einer Behinderung ist ähnlich zu beantworten. Verschweigen dürfen Sie sie, wenn Sie die Arbeit trotzdem erledigen können. Ein Informationsrecht hat der Arbeitgeber, wenn er etwa besondere Vorkehrungen treffen müsste, damit Sie die Arbeit erledigen können. In einem solchen Fall wären Sie sogar von sich aus, ungefragt, zur Auskunft verpflichtet. Ebenso immer bei einer Schwerbehinderung.

ZUSATZHINWEIS: Da Arbeitgeber verpflichtet sind, eine bestimmte Quote an Arbeitsplätzen mit Behinderten zu besetzen, muss sich eine Behinderung nicht unbedingt nur negativ auf die Einstellungschancen auswirken.

- *Schulden:*
  Ihre privaten Finanzen gehen einen Arbeitgeber in den meisten Fällen nichts an. In Fällen, die ein besonderes Vertrauensverhältnis erfordern, kann die Frage nach ungeregelten Vermögensverhältnissen erlaubt sein. Beispiele: der Kassierer einer Bank, der Prokurist eines Unternehmens. Ein laufender Ratenkredit oder eine genehmigte Kontoüberziehung gelten übrigens nicht als ungeordnete Vermögensverhältnisse.

- *Vorstrafen:*
  Falls ein Einfluss auf die Berufstätigkeit denkbar ist, darf sich ein Arbeitgeber auch nach Vorstrafen erkundigen. So soll ein Lehrer möglichst nicht schon einmal wegen Kindesmissbrauchs verurteilt worden sein, ein Berufskraftfahrer sollte nicht gerade ständige Probleme wegen Alkohols am Steuer haben. (Strafzettel wegen Falschparkens oder Punkte in Flensburg sind aber keine Vorstrafen.) Gelöschte Vorstrafen interessieren hier nicht mehr. Ein direktes Fragen wird hier mitunter durch Anforderung eines polizeilichen Führungszeugnisses umgangen.

- *Mitgliedschaften:*
  Es ist Ihr gutes Recht, einer Partei, einer Gewerkschaft, einer Kirche oder einem Verein anzugehören. Das geht normalerweise keinen Arbeitgeber etwas an. Allerdings wollen Gerichte keinem Arbeitgeber zumuten, »Gegner« des eigenen Betriebes zu beschäftigen. So darf etwa ein kirchlicher Kindergarten durchaus nach der Religionszugehörigkeit fragen, eine politische Stiftung nach der Parteimitgliedschaft.

Fragen nach Begründungen

»Warum haben Sie nach Ihrem Abitur zunächst eine Lehre gemacht, bevor Sie dann doch ein Studium aufgenommen haben?«

Fragen nach den Begründungen für Entscheidungen auf dem Lebensweg sind für Vorstellungsgespräche ganz typisch. Das Thema der Diplomarbeit, die Wahl eines Studienorts, die Fächerkombination ... Auch hierüber geben die schriftlichen Unterlagen in aller Regel keinen Aufschluss, sie liefern meist nur die Daten und Fakten (außer mitunter bei ausformulierten statt tabellarischen Lebensläufen).
Und auch hier ist oft nicht leicht zu erkennen, worauf diese Fragen hinauswollen. Hauptsächlich sind Ihre Gesprächspartner so sehr an Ihren Begründungen interessiert, weil sie sich aus Ihren Antworten ein Bild von Ihrer Motivation machen wollen. Legen die bisherigen Entscheidungen auf Ihrem Lebensweg den Schluss nahe, dass diese Stelle wirklich Ihren Interessen entspricht, sodass die Stelle dann auch auf längere Sicht tatsächlich mit der richtigen Frau oder dem richtigen Mann besetzt wäre? Und ganz allgemein zeigen Ihre Motive Ihren Gesprächspartnern außerdem, was für ein Typ Sie sind: sicherheitsbetont, risikofreudig, impulsiv ...

➤ *Ihre Antwort:* Achten Sie darauf, dass Ihre Begründungen eine klare Richtung erkennen lassen, unterlegen Sie Ihren Lebensweg mit einem roten Faden, der am besten sogar direkt zur jetzt zur Debatte stehenden Stelle führt. Wenn Ihre Antworten keine Zielrichtung erkennen lassen, denken Ihre Gesprächspartner leicht: Na, der weiß nicht so recht, was er will; wenn wir den einstellen, überlegt er sich's bestimmt auch hier bald wieder anders. Wenn Sie damals in Wirklichkcit nur den Weg des geringsten Widerstands gegangen waren oder das getan hatten, was halt alle tun, dann sollten Sie das für Ihre Begründung hier nicht gerade heranziehen. Ihre Antworten müssen nicht unbedingt der Wahrheit entsprechen, denn Ihre wahren Motive kann schließlich keiner überprüfen. (Mitunter

sind einem die wahren Motive für eine Entscheidung ja nicht einmal wirklich bewusst. Und dennoch fallen Entscheidungen oft viel folgerichtiger, als einem selbst klar ist.) Allerdings muss Ihre Begründung natürlich glaubwürdig herüberkommen.
Falls Sie direkt nach den Gründen für Ihre Bewerbung um diese Stelle gefragt werden: Denken Sie an Ihre Gesprächsvorbereitung. Sie können hier sowohl mit Ihrer Neigung argumentieren, die aus Ihrem Forderungskatalog hervorgeht, als auch mit Ihrer Eignung, die Ihrem Angebotskatalog entspricht. So können Sie mit drei, vier Punkten konkret belegen, warum Ihr Interesse an der Stelle Ihrer Eignung und Ihrer Neigung entspricht.
Bei der Begründung für die Bewerbung speziell bei diesem Unternehmen können Sie Ihre beschafften Informationen über Branche, Betrieb und Stelle heranziehen. Nennen Sie ein, zwei Fakten, warum Sie eine Bewerbung für sinnvoll hielten. Sie müssen allerdings nicht so argumentieren, als ob nur dieser Betrieb für Sie in Frage käme und kein anderer. Sie dürfen Bewerbungen bei anderen Unternehmen ohne weiteres zugeben. Allerdings sollten Sie darauf achten, dass Ihre Bewerbungen etwa auf einer Linie liegen.

Fragen nach der Zukunft

»Was wollen Sie in drei Jahren in unserem Unternehmen erreicht haben?«

Solche Fragen nach der Zukunft bringen zwar nicht viel (wer kann schon in die Zukunft schauen), werden aber dennoch hin und wieder gerne mal gestellt (etwa von dynamischen Unternehmenschefs). Die Fragesteller können vor allem zwei Ziele haben: Zum einen wollen sie auch hier Ihre Motivation überprüfen: Hat sich hier jemand seine Entscheidung auch gründlich überlegt und will sich voll für die Ziele unseres Betriebes ins Zeug legen? Zum anderen geht es insofern um Ihre persönliche Eignung, als ein Fehleinkauf vermieden werden soll, der schon bald wieder eine Neubesetzung der Stelle erforderlich machen würde; zum Beispiel weil Sie dem Unternehmen in absehbarer Zeit wegen Wehr- oder Zivildienstpflicht oder aus anderen Gründen nicht mehr zur Verfügung stehen könnten.

➤ *Ihre Antwort:* Ihre Antwort sollte im Wesentlichen zu erkennen geben, dass Sie sich mit Ihren künftigen Aufgaben schon geistig auseinandergesetzt haben. Hier kommt Ihnen eine gute Informationsbeschaffung in der Vorbereitungsphase zugute. Sie sollten eine gewisse Zielstrebigkeit und Ehrgeiz zu erkennen geben, damit erwecken Sie den Eindruck, für die Stelle motiviert zu sein. Sie müssen nun allerdings nicht so tun, als wollten Sie sich für alle Zeiten auf diesen Betrieb festlegen; der kann Ihnen ja umgekehrt auch nicht garantieren, dass er Sie in zehn Jahren noch beschäftigen will oder überhaupt noch besteht.
Falls sich Ihren Gesprächspartnern aufgrund Ihres Lebensalters die Frage nach einer eventuellen Wehr- oder Zivildienstpflicht stellen könnte, sollten Sie auf dieses Thema unter Umständen sogar von sich aus eingehen, auch wenn die Frage nicht offen ausgesprochen wird. Wenn diese Pflicht für Sie erledigt ist oder Sie von der Dienstpflicht befreit sind, sollten Sie diese Information dem Unternehmen nicht vorenthalten.

Nachfragen zu einzelnen Angaben

»Do you mind if we continue with our interview in English for a while?«

Das Motiv für diese Art von Fragen ist meist relativ leicht zu durchschauen. Ihr Gesprächspartner war bei Ihren Angaben, insbesondere in Ihren schriftlichen Unterlagen, auf Unklarheiten oder auch nur auf besonders Bemerkenswertes gestoßen, hatte womöglich sogar leichte Zweifel (bei erheblichen Zweifeln wären Sie gar nicht erst eingeladen worden), und will sich jetzt vergewissern. Das kann sich etwa auf Ihre Angaben über besondere Kenntnisse und Fähigkeiten beziehen (zum Beispiel ausgezeichnete Englischkenntnisse), auf allgemein Ungewöhnliches (etwa ein Doppelstudium) oder auch auf fehlende Angaben im Lebenslauf.

➤ *Ihre Antwort:* Geben Sie auf jeden Fall bereitwillig Auskunft. Sie erhalten hier die faire Chance, eventuelle Zweifel auszuräumen. Denn wenn Ihr Gesprächspartner jetzt den Eindruck gewinnt, dass Sie ihm etwas vormachen oder auch verheimlichen wollten, dann wird sein Interesse an Ihrer Bewerbung schlagartig erlöschen und Sie sind aus dem Rennen. Wie Sie damit umgehen, falls Ihr Gesprächspartner auf regelrechte Schwachstellen gestoßen sein sollte, erfahren Sie im nächsten Kapitel.

Kapitel 7

Wie präsentieren Sie Ihre Stärken und Schwächen?

Ihre Selbstdarstellung umfasst Ihre starken, aber auch die problematischeren Seiten aus Ihrem Angebotskatalog:

- Die stärksten Argumente Ihrer Qualifikation
- Schlechte Noten
- Abbrüche und Richtungswechsel
- Lücken im Lebenslauf
- Dienstpflichten
- Ungewöhnliche Entscheidungen

Bei Schwachstellen können Sie entweder versuchen, diese zu verschweigen, oder aber Sie stehen dazu und versuchen dann, Ersatz anzubieten und/oder überzeugende Erklärungen zu finden.

Die Präsentation Ihrer stärksten Seiten

Beispiele: *Gute Noten und Abschlusszeugnisse; stellenrelevante Schwerpunkte in Schule oder Studium; praktische Erfahrungen aus Ihrer Zivildienstzeit; Landes- und Sprachkenntnisse durch Ihre Au-pair-Zeit in Frankreich; in der Lehre erworbene Fähigkeiten; Engagement in der studentischen Mitverwaltung; berufliche Erfahrungen; Ferienjobs; Erfahrungen aus Praktika; Fortbildun-*

gen; Sprachkenntnisse; Computerkenntnisse; Ereignisse, in denen berufswichtige Eigenschaften sichtbar wurden; ehrenamtliche Freizeitaktivitäten.

Dem Prüfinteresse des Betriebes entspricht auf Ihrer Seite das Ziel, Ihre Eignung bestmöglich zu präsentieren. Es geht darum, die stärksten Argumente, die Sie in der Vorbereitungszeit bei der genauen Prüfung Ihres Lebenslaufs zusammengestellt haben, nun auch angemessen ins Gespräch einzubringen: Ihre Erfahrungen, Ihre Kenntnisse, Ihre Fähigkeiten, Ihre Eigenschaften.
Da geht es zunächst einmal darum, dass Sie überhaupt ausreichend zu Wort kommen. In der Regel wird das kein Problem sein. Wie Sie gesehen haben, haben Ihre Gesprächspartner großes Interesse daran zu erfahren, was Sie zu bieten haben, und stellen dementsprechend viele Fragen. Trotzdem kann es sein, dass das Gespräch auf einen Punkt, den Sie als eines Ihrer besonders starken Argumente empfinden, gar nicht kommt. Oder Sie haben einen Gesprächspartner, der sich so gerne reden hört, dass Sie gar nicht zu Wort kommen. Das ist bequem, aber gefährlich. Sie haben nur diese eine Chance, was Sie nicht spätestens hier anbringen, wird bei der abschließenden Entscheidungsfindung auch nicht berücksichtigt. Nutzen Sie also in solchen Fällen entweder eine Gesprächspause oder einen im Redefluss irgendwie passend erscheinenden Aufhänger, um Ihre Argumente ins Gespräch einzubringen. »Ja, da Sie das gerade ansprechen: Auf diesem Gebiet habe ich ja auch schon praktische Erfahrungen gesammelt ...«
Fürchten Sie übrigens auch keine Wiederholung zu Ihren schriftlichen Unterlagen, manche Teilnehmer haben sie nur teilweise in Erinnerung. Nehmen Sie also lieber in Kauf, dass Sie besser Informierten etwas Wichtiges zum zweiten Mal erzählen.

➤ *Ihre Präsentation:* Sie sind hier gezwungen, für Ihr Angebot Werbung zu machen. Dabei geht es nicht um lautstarke Reklame, denn es dürfte Ihnen kaum gelingen, Ihre Gesprächspartner mit einem Schleier schöner Worte so zu blenden, dass diese all Ihre Schwächen übersehen. Dafür ist eine Personaleinstellung zum einen eine viel zu teure Investitionsentscheidung, und zum anderen sind Ihre Gesprächspartner in aller Regel viel zu erfahren in Personalauswahlgesprächen.

Es geht um eine sachlich überzeugende Darstellung der Stärken Ihres Angebots, die den jeweiligen Nutzen für den Betrieb in den Mittelpunkt stellt. Ganz wichtig ist also, dass Sie stets empfängerorientiert denken: Was wird meinen Gesprächspartner im Hinblick auf die zu vergebende Stelle interessieren? Sie betonen dabei Ihre Stärken und machen Ihre Gesprächspartner aufmerksam auf Zusatznutzen, auf die diese von sich aus vielleicht nicht gekommen wären; zum Beispiel wie vorteilhaft es ist, dass Sie ausgezeichnete Italienischkenntnisse aufzuweisen haben. Falls Sie Ihre Argumentation auf Ihre persönlichen Eigenschaften stützen wollen, dann ist es besser, diese Eigenschaften nicht einfach nur anzugeben, sondern konkrete Erfahrungen anzuführen, aus denen diese Eigenschaften erkennbar werden. Eine solche sachliche Darstellung dürfte Ihnen auch gelingen, wenn Sie sich nicht unbedingt für ein Verkaufstalent halten.

Und: Fürchten Sie nicht etwa, dass Sie wie ein Angeber wirken könnten, wenn Sie derart Ihre starken Seiten anpreisen. Im Gegenteil: Wenn Sie sachlich die Vorteile schildern, die Sie dem Unternehmen zu bieten haben, dann ist das genau das, was Ihre Gesprächspartner im Vorstellungsgespräch hören wollen. Der Betrieb sucht für seine freie Stelle die Bewerberin oder den Bewerber, die die besten Voraussetzungen mitbringen. Zieren Sie sich hier also nicht, Ihre Eins im Abschlusszeugnis ins Gespräch zu bringen oder weisen Sie von sich aus darauf hin, dass Sie schon in Ferienjobs berufswichtige Erfahrungen gesammelt haben. Immer wieder ist festzustellen, dass einzelne Bewerber ihr Licht unter den Scheffel stellen, quasi darauf warten, »entdeckt« zu werden, typischerweise ist dieses Verhalten bei weiblichen Bewerbern zu beobachten. Also, falls Sie zu einer solchen Einstellung neigen: Hier ist nicht der Platz für Bescheidenheit, die Sie in anderen Lebensbereichen sicher ehrt. Trauen Sie sich nicht zu wenig zu. Überlassen Sie es Ihren Gesprächspartnern, ob die Ihnen eine Aufgabe zutrauen, sie haben Erfahrung darin. Deshalb können Sie hier ruhig ganz selbstsicher auftreten.

Was Ihre Gesprächspartner gerne hören wollen

Am Beispiel von Hochschulabgängern seien Ihnen hier einmal einige Qualitäten vorgestellt, die Betriebe an Stellenbewerbern besonders schätzen. Zur Orientierung sind sie sicher auch für andere Bewerberinnen und Bewerber interessant:

❶ Doktortitel
Lernbereitschaft
Angesehener Studienort

❷ Zweitstudium
Lehre
Tätigkeitsbezogene Diplomarbeit

❸ Fachkompetenz
Gute Abschlussnote
Fremdsprachenkenntnisse
Auslandserfahrung
Außeruniversitäres Engagement
Kurze Studiendauer

❹ Praktika

❺ Mobilität
Flexibilität
Kommunikative Fähigkeiten
Kontaktstärke
Teamfähigkeit
Computerkenntnisse
Kreativität
Analytisches Denken
Sicheres Auftreten

Zu beachten ist hier allerdings, dass es sich um eine Durchschnittsbetrachtung handelt. Jede Stelle erfordert ihre eigenen Qualifikationen. Was für den einen Beruf wichtig ist, kann für den anderen ganz unerheblich sein. Hier wurden nur besonders häufig gefragte Qualitäten aufgelistet.

Umgang mit schlechten Noten

BEISPIELE: *Schlechte Ergebnisse in Abschlusszeugnissen von Schule oder Hochschule, unvorteilhafte Beurteilungen in Arbeitszeugnissen.*

Nun haben Sie nicht nur starke Seiten zu bieten, sondern sicher auch den einen oder anderen Schwachpunkt zu verkaufen. Schlechte Benotungen auf vorangegangenen Stationen Ihrer Ausbildung oder beruflichen Laufbahn fallen da normalerweise besonders stark ins Gewicht. Nun haben Sie es zwar dennoch bis ins Vorstellungsgespräch geschafft, entweder weil Sie das verschleiern konnten oder weil Sie trotzdem interessant erschienen. Aber Sie dürfen jetzt nicht denken, damit sei das Thema erledigt. Es spricht viel dafür, dass solche schlechten Beurteilungen im Gespräch behandelt werden.

➤ *Ihre Präsentation:* Wenn Sie konkret auf Ihre Ergebnisse angesprochen werden, sei es, warum da etwas schlecht gelaufen ist, sei es, warum bestimmte Zeugnisse nicht beiliegen, müssen Sie sich der Frage natürlich stellen.
Sie können Ersatz anbieten und erklären:

- So kann etwa die Durchschnittsnote eher schwach ausgefallen sein, aber Sie können darauf verweisen, dass die Ergebnisse auf den für die Stelle besonders wichtigen Gebieten gut waren.
- Die Ergebnisse mögen schlecht scheinen, waren aber unter Würdigung der Gesamtumstände doch relativ gut; zum Beispiel angesichts einer Doppelbelastung durch Kindererziehung oder durch ein Doppelstudium.
- Die schlechten Ergebnisse waren nur ein Ausrutscher, frühere Zeugnisse oder spätere Beurteilungen waren besser; Grund können etwa Unfälle, Erkrankungen oder andere äußere Umstände gewesen sein.
- Oder Sie müssen ganz auf andere Felder ausweichen, auf denen eher Ihre Stärken liegen; so waren etwa die Zeugnisse nicht gut, dafür können Sie wertvolle praktische Fähigkeiten bieten.

Generell müssen Sie schlechten Abschlusszeugnissen mehr Überlegungen widmen als Zwischenzeugnissen, und schlechte Arbeitszeugnisse sind schwerwiegender als Schulzeugnisse.

Umgang mit Abbrüchen und Richtungswechseln

Beispiele: *Übergang vom Gymnasium zur Realschule, kaufmännische Lehre nach abgebrochenem Studium, Bewerbung in einer fachfremden Richtung, berufliches Umsatteln, Kündigung der bisherigen Stelle.*

Hier wird besonders Ihre Motivation hinterfragt werden. Wenn Sie im Gespräch den Eindruck vermitteln, unter Belastung kein Stehvermögen zu haben, sprunghaft zu sein und an einer Sache schnell die Lust zu verlieren oder auch persönlich schwierig zu sein, dann laufen Sie Gefahr, dass der Betrieb das Interesse an Ihnen verliert.

➤ *Ihre Präsentation:* Ihre Argumentation kann einzig in die folgende Richtung laufen: Insgesamt müssen Sie zu Ihren Entscheidungen stehen. Ihre Entscheidung für die ursprüngliche Richtung erschien Ihnen unter den damals gegebenen Umständen aus den und den Gründen richtig und vernünftig.
Die praktische Erfahrung hat Ihnen jedoch gezeigt, dass diese Richtung Ihrer wirklichen Neigung und Eignung nicht entspricht (Begründung!). Zu diesem Irrtum müssen Sie stehen, vor allem dürfen Sie hier auf keinen Fall jemand anderem die Schuld zuweisen. Sie haben sich dann gründlich informiert (Informationsquellen nennen) und haben dadurch die Richtung gefunden, die Ihnen in Wirklichkeit am besten entspricht (Begründung!). Aufgrund dieser Erkenntnis wollen Sie sich nun mit voller Kraft der neuen, als richtig erkannten Richtung widmen und diese Chance nützen. Dieses abstrakte Gerüst müssen Sie natürlich für Ihren konkreten Fall mit Leben füllen.
Mögliche Gründe für einen Abbruch: Fehlentscheidung, fehlende Perspektiven, persönliche Lebenssituation (zum Beispiel Trennung von Partner und Familie).
Mögliche Gründe für eine Neuausrichtung: Echte Stärken und Vorlieben erkannt, neue Herausforderung gesucht, Verbesserung der persönlichen Lebenssituation.

Umgang mit Lücken im Lebenslauf

Beispiele: *Arbeitslosigkeit, Kindererziehung, Erkrankung, Aussteigen nach dem Studium.*

Prüfen Sie, ob Ihr schriftlich eingereichter Lebenslauf zeitliche Lücken von mehrmonatiger Dauer aufweist. Wenn Sie hier keine Erklärungen geliefert haben oder die Lücken sich nicht von selbst erklären (dass die Stellensuche nach Abschluss einer Ausbildung eine gewisse Zeit erfordert, wird sicher akzeptiert), dann müssen Sie mit Rückfragen im Vorstellungsgespräch rechnen. Ihre Gesprächspartner könnten die Befürchtung haben, dass ihnen da etwas Unliebsames verschwiegen werden soll, oder sie könnten Zweifel an Ihrer fachlichen Qualifikation hegen, eventuell auch Ihre Motivation hinterfragen.

➤ *Ihre Präsentation:* Auch hier gilt zunächst wieder: Sie müssen zu Ihren Entscheidungen stehen. Sie können dann je nach Fall entweder erklären oder Ersatz anbieten, also die Lücken »füllen«.
Um Zweifeln an Ihrer fachlichen Qualifikation zu begegnen, können Sie auf neue Qualifikationen verweisen, die Sie beispielsweise in Zeiten der Kindererziehung oder während einer längeren Zeit der Stellensuche erworben haben. Das können Fortbildungskurse gewesen sein, ehrenamtliche Tätigkeiten, Aushilfsjobs, unentgeltliche Mitarbeit, gelegentliche Tätigkeiten für den ehemaligen Betrieb, Sprachkenntnisse, Fachliteratur, um den beruflichen Anschluss zu halten, und so weiter, bis hin zu neuen sozialen Fähigkeiten durch die Kindererziehung. Alles, was zeigen kann, dass Sie aktiv waren und nicht passiv, wird in Betrieben positiv gesehen.
Eine berufliche Auszeit etwa für die Kindererziehung oder für die einjährige Weltreise nach dem Studium kann auch Fragen nach Ihrer Motivation aufwerfen. Zu Ihrer Entscheidung sollten Sie unbedingt stehen, eine Entschuldigungsstrategie kommt ganz schlecht an. Sie

müssen aber nun sicher noch mehr als andere Bewerber Ihre Motivation zum Wiedereinstieg in den Beruf zeigen. Frauen (niemals Männer) müssen sich zudem auf die zumindest unausgesprochene Frage einstellen, ob denn die Kinderbetreuung zuverlässig gewährleistet ist und ob nicht etwa häufige Fehlzeiten wegen Kinderkrankheiten oder gar ein baldiges völliges Aufgeben zu erwarten ist. Erläutern Sie lieber auch ungefragt, wie zuverlässig die Kinderbetreuung organisiert ist, und lassen Sie einfließen, dass alle Ihre Entscheidungen mit Ihrem Partner abgestimmt sind und der Ihre Pläne unterstützt.

Auf jeden Fall aber müssen Sie Fragen nach zeitlichen Lücken bereitwillig und glaubwürdig beantworten. Wenn bei Ihrem Gesprächspartner auch nur der bloße Verdacht im Kopf verbleibt, ihm könne hier die Unwahrheit aufgetischt worden sein, bedeutet das das Aus für Ihre Bewerbung; er wird Sie nicht weiter in Betracht ziehen.

Umgang mit Dienstpflichten

BEISPIELE: *Wehr- oder Zivildienst noch nicht abgeleistet, Dienstpflicht besteht nicht.*

Wenn der schriftliche Lebenslauf von männlichen Bewerbern so etwa zwischen 16 und 30 Jahren zum Thema Wehr- oder Zivildienst keine Angaben enthält, wird man dieses Thema mit hoher Wahrscheinlichkeit im Vorstellungsgespräch ansprechen. Im Unternehmen möchte man einschätzen können, wie groß das Risiko ist, dass ein gerade eingestellter Mitarbeiter bald schon wieder eine Zeitlang für die Arbeit ausfallen könnte.

➤ *Ihre Präsentation:* Falls Sie dem Betrieb versichern können, dass mit einer Unterbrechung des Arbeitsverhältnisses aus diesem Grunde nicht zu rechnen ist, sollten Sie das Thema Dienstpflicht sogar dann ansprechen, wenn Sie nicht ausdrücklich danach gefragt werden. Sei es, dass Sie Ihre Pflicht bereits erfüllt haben, sei es, dass eine offizielle Befreiung vorliegt. Andernfalls besteht durchaus die Chance, im Gespräch eine einvernehmliche Lösung des Problems anzustreben, sofern Ihre Bewerbung im Übrigen interessant erscheint.

Umgang mit ungewöhnlichen Entscheidungen

BEISPIELE: *Freiwilliges soziales oder ökologisches Jahr, Au-pair-Zeit, nachgeholte Schulabschlüsse, Doppelstudium, Weltreise nach dem Studium.*

Alles, was in Ihrem Lebenslauf aus dem Rahmen des Üblichen fällt, kann im Vorstellungsgespräch zum Thema werden, aus den unterschiedlichsten Gründen. Vielleicht möchte Ihr Gesprächspartner sich einfach ein genaueres Bild machen, was für ein Typ Sie sind. Sie selber können hier eventuell gefragte Qualitäten unter Beweis stellen. Oder es könnte um Ihre Motivation gehen.

➤ *Ihre Präsentation:* Alles kann positiv wie negativ gesehen werden. Es kommt nur auf Ihre Darstellung an. Achten Sie besonders darauf, dass Sie sich im Gespräch als Typ präsentieren, der weiß, was er will. Betriebe wollen keine Bewerber, die den Eindruck vermitteln, dass sie sich ihrer Sache noch nicht so recht sicher sind oder dass sie womöglich nicht lange bei der Sache bleiben könnten.
Umgekehrt können Sie natürlich die unterschiedlichsten fachlich interessanten Qualitäten betonen, die Sie aufgrund Ihrer Entscheidung erworben oder unter Beweis gestellt haben: Praktische Erfahrungen und soziale Fähigkeiten durch ein freiwilliges Jahr; Fremdsprachenkenntnissse und Selbstständigkeit durch ein Au-pair-Jahr im Ausland; Energie, Initiative und Stehvermögen durch nach-

geholte Schulabschlüsse; Zusatzqualifikation und Belastbarkeit durch ein Doppelstudium; Kontaktstärke und Sprachkenntnisse durch eine Weltreise.

Umgang mit Schwachstellen allgemein

Neben den bisher genannten typischen Fällen gibt es eventuell auch noch einige andere Dinge, die Sie als Schwachstellen Ihres Angebots empfinden. Daher sollen hier einmal die grundsätzlichen Möglichkeiten für den Umgang mit »dunklen Punkten« im Vorstellungsgespräch zusammengefasst werden:

- Manchmal lässt sich etwas verschweigen.
- Anderenfalls müssen Sie dazu stehen.
- Sie können dann entweder Ersatz anbieten.
- Oder Sie können sachlich erklären.
- Gewarnt werden muss nur vor Lügen.

- ***Verschweigen**:* Solange Ihre Gesprächspartner nicht von selber darauf kommen, braucht der eine oder andere kritische Punkt vielleicht gar nicht angesprochen zu werden und wird dann auch gar nicht zum Problem. Das geht natürlich nur so lange, bis Sie direkt auf das Thema angesprochen werden. Dann müssen Sie sich dem Problem stellen.
  Mitunter kann es aber auch sinnvoll sein, ein heikles Thema auch von sich aus anzusprechen, weil es höchstwahrscheinlich als ungestellte Frage ohnehin im Raume steht und Sie in der Lage sind, die unausgesprochenen Einwände zu entkräften. Dies gilt insbesondere bei so offensichtlichen Problemfällen wie Dienstpflicht für Männer, Kindererziehung bei jungen Müttern oder mehrmonatigen zeitlichen Lücken im Lebenslauf.

- ***Dazu stehen****:* Wenn ein Punkt im Gespräch zum Thema wird, ist an erster Stelle zu empfehlen, dass Sie zu Ihrer damaligen Entscheidung stehen. Mit einer oft zu beobachtenden »Entschuldigungsstrategie« kommen Sie erfahrungsgemäß ganz schlecht an. Auch mit der Mitleidstour kommen Sie nicht weiter, Ihre Gesprächspartner erwarten sachliche Antworten. Und es war auch nie jemand anders Schuld, denn schlecht über andere zu reden macht immer einen ganz ungünstigen Eindruck. Sie müssen stattdessen versuchen, sachlich zu erklären oder »Ersatz anbieten«.

- ***Ersatz anbieten****:* Sie führen persönliche oder fachliche Qualifikationen an, die Ihnen die jeweilige Zeit gebracht hat. Von der Persönlichkeitsentwicklung über praktische Erfahrungen, von Kursen bis hin zu unentgeltlichen Tätigkeiten, wie oben beim Stichwort »zeitliche Lücken« näher ausgeführt.

- ***Erklären****:* Alles lässt sich erklären. Zugebenermaßen erfordert es oft viel Überlegung. Daher sollten Sie sich für vorhersehbar heikle Fragen in Ihrer Vorbereitungszeit wappnen.

- Argumentieren Sie rein sachlich, appellieren Sie nicht an Gefühle, das kommt bei Ihren ohnehin skeptisch eingestellten Zuhörern nicht an.
- Übernehmen Sie die Verantwortung für Ihre Entscheidung. Sie waren kein Opfer, niemand anderes wird getadelt. (Zum Beispiel: Sie waren allein Schuld, dass Sie sich mit Alkohol im Blut ans Steuer gesetzt hatten.)
- Schildern Sie, dass Sie aus der Erfahrung gelernt haben. (Zum Beispiel: Sie rühren keinen Tropfen Alkohol mehr an.)
- Betonen Sie, dass Sie Ihre Richtung gefunden haben und Ihre Chance ergreifen wollen.

Lügen

Bei manchem könnte der Gedanke entstehen, auf Lügen zu setzen, um den eigenen Chancen im Vorstellungsgespräch nachzuhelfen.
Bei nachprüfbaren Fakten kann vor Lügen nur dringendst abgeraten werden, bei Begründungen für Ihre Entscheidungen kann es vielleicht anders aussehen.

***Fakten**:* Die Gefahr ist recht groß, dass im Vorstellungsgespräch Lügen entdeckt werden:

- Insbesondere Gesprächspartner aus der Personalabteilung verfügen über große Erfahrung und Menschenkenntnis und spüren es schnell, wenn Ihnen eine Unwahrheit aufgetischt werden soll.
- Sie haben auch zahlreiche Möglichkeiten zur Überprüfung, von Kontrollfragen zu einem späteren Zeitpunkt im Gespräch über den Abgleich mit Papieren bis hin zu Anrufen beim ehemaligen Arbeitgeber.
- Beim Abschluss eines Arbeitsvertrages werden weitere Unterlagen benötigt, die Unwahrheiten aufdecken können.
- Und selbst wenn es tatsächlich gelingen sollte, eine Einstellung zu erschwindeln, kann die Lüge im späteren Arbeitsalltag ans Licht kommen.

Die Konsequenzen sind gravierend:

- Der bloße Verdacht, dass sie oder er hinters Licht geführt werden soll, wird Ihrer Gesprächspartnerin oder Ihrem Gesprächspartner genügen, Sie vom weiteren Bewerbungsverfahren auszuschließen.
- Mit einer Entlassung während der Probezeit hätten Sie ein großes Problem bei den künftigen Bewerbungen.

- Mit einem durch Lügen erschwindelten Arbeitsvertrag machen Sie sich gegenüber Ihrem Arbeitgeber sogar schadensersatzpflichtig, und das kann teuer werden. Auf jeden Fall hat er das Recht zur fristlosen Kündigung.

Rechtlich sind Sie grundsätzlich verpflichtet, Fragen, an denen Ihr Arbeitgeber ein berechtigtes Interesse hat, wahrheitsgemäß zu beantworten. Der komplizierte Sonderfall »Unzulässige Fragen« wurde oben näher erläutert. Hier dürfen Sie im Einzelfall sogar bewusst lügen.

- ***Begründungen***: Wenn es um Begründungen geht, warum Sie sich in der Vergangenheit in beruflich wichtigen Fragen so oder so entschieden haben, kennen nur Sie Ihre wahren Beweggründe. Vielleicht sind sich ja nicht einmal Sie selbst über Ihre damaligen Motive sicher, oder Sie irren sich und Ihrer Entscheidung lagen in Wirklichkeit ganz andere Motive zugrunde, als Sie meinen.
  All dies berechtigt Sie dazu, Ihren Lebensweg in der Schilderung etwas zu glätten, ihm eine Richtung zu verleihen, einen roten Faden zu unterlegen, der Ihre Motivation deutlicher herausarbeitet, warum Sie sich aufgrund Ihres Lebenswegs um diese Stelle beworben haben. Zweifel können bei Ihren Gesprächspartnern natürlich trotzdem entstehen. Ihre Geschichte muss also für ein uneingeweihtes Gegenüber glaubwürdig sein. Das üben Sie am besten vorher, idealerweise mit einem kritisch eingestellten Zuhörer.

Kapitel 8

Was hat die Stelle zu bieten?

Im Vorstellungsgespräch geht es nicht nur darum, was Sie dem Betrieb zu bieten haben. Auch wenn diese Frage üblicherweise den breitesten Raum einnehmen wird. Die spiegelbildliche Frage, was die freie Stelle Ihnen zu bieten hat, ist genauso wichtig. Jetzt ist die Interessenlage im Prinzip genau entgegengesetzt:

- Sie prüfen den Betrieb.
- Der Betrieb wirbt für sich.

Allerdings sind hier noch weitere Motive von Bedeutung.

- So kann Ihnen alles, was Sie bereits wissen, dazu dienen, dem Betrieb Ihre Motivation unter Beweis zu stellen.
- Und ein kleiner Vortrag Ihres Gesprächspartners über das Unternehmen, die Branche und die Stelle zu Beginn des Gesprächs kann die nette Absicht haben, Ihnen ein wenig die anfängliche Nervosität zu nehmen und das Gespräch in Gang zu bringen.

Wenn Sie an Ihre Gesprächsvorbereitung zurückdenken, so geht es jetzt um Ihre Anforderungen an Ihre künftige Stelle, Ihre Informationen über Branche, Betrieb und Stelle und die offenen Fragen, die Ihnen diesbezüglich noch verblieben sind.

Ihre Fragen zur Stelle

Sie haben Ihre ganz persönlichen Vorstellungen, was Ihnen die neue Stelle bieten soll.
Spätestens in der Vorbereitung auf dieses Gespräch haben Sie Ihre Wünsche konkret als Anforderungen formuliert und diese gewichtet, nach unerlässlichen Voraussetzungen, wünschenswerten Bedingungen und solchen Wünschen, bei denen Sie unter Umständen auch zu Abstrichen bereit wären.
Ihre Vorabinformation über Stelle, Unternehmen und Branche hat Ihnen bei einigen dieser Punkte vielleicht schon gezeigt, inwieweit die Stelle Ihre Anforderungen erfüllen kann. Diese Fragen brauchen Sie jetzt nicht mehr zu stellen. Dies trägt dazu bei, das Gespräch zu entlasten, und erleichtert die Konzentration auf andere wichtige Themen.
Die verbliebenen offenen Fragen haben Sie klar formuliert im Kopf, besser vielleicht sogar auf einem Blatt Papier notiert, das Sie ins Gespräch mitgebracht haben. Eine solche Fragenliste hilft Ihnen dabei, nichts Wesentliches zu vergessen, gibt Ihnen die Möglichkeit, wichtige Informationen im Laufe des Gesprächs kurz stichwortartig zu notieren, und erweckt nebenbei bei Ihren Gesprächspartnern den Eindruck, dass Sie sich wirklich ernsthaft vorbereitet haben.
Belasten Sie das Gespräch möglichst nicht mit Fragen nach Nebensächlichkeiten. Konzentrieren Sie sich ganz auf solche Fragen, die für Sie entscheidend dafür sind, ob Sie die Stelle gegebenenfalls annehmen würden oder nicht. Auf diese Fragen müssen Sie dann aber auch bis zum Ende des Gesprächs Antworten bekommen haben.

Um nun im Gespräch herauszubekommen, inwieweit die Stelle Ihre Anforderungen erfüllen würde, gibt es unterschiedliche Möglichkeiten:

- Sie können direkt fragen.
- Sie achten auf Zwischentöne in den Äußerungen Ihrer Gesprächspartner.
- Sie beobachten.
- In einigen Punkten können Sie auch verhandeln.

Es hängt von der jeweiligen Frage ab, welche Methode im Einzelfall angebracht erscheint.

- ***Direkte Fragen**:* Viele Ihrer offenen Fragen können Sie ganz einfach durch direktes Fragen beantwortet bekommen. Dazu gehören insbesondere alle Fragen rund um Ihre vorgesehene Tätigkeit, von der Einarbeitung über Ihre konkreten Aufgaben sowie Ihre Stellung in der betrieblichen Rangordnung (Vorgesetzte und Untergebene) bis hin zu Perspektiven wie Aufstiegsmöglichkeiten, künftigen Einsatzbereichen oder auch Auslandseinsätzen. Ähnliches gilt zum Beispiel auch für Bedingungen wie die Arbeitszeiten.
  Im Übrigen zeigen Sie mit konkreten Fragen zu Ihrer künftigen Arbeit auch, dass Sie sich gedanklich bereits mit der Stelle auseinandergesetzt haben, und lassen die gewünschte Motivation erkennen.
  Stellen Sie Ihre Fragen am besten dann, wenn das Gespräch gerade auf das entsprechende Thema kommt, oder warten Sie auf Gelegenheiten, in denen Sie dazu aufgefordert werden, Fragen zu stellen. Stellen Sie aber verbleibende Fragen auf jeden Fall von sich aus, bevor das Gespräch zu Ende ist.
  Hören Sie andererseits auch gut zu, was Ihre Gesprächspartner sagen, denn dadurch beantwortet sich manche Ihrer Fragen von alleine.

- ***Zwischentöne:*** Bei anderen Dingen ist etwas Diplomatie angebracht, insbesondere wenn es vom fachlichen mehr in den persönlichen Bereich hineingeht.
  So können Sie die wichtige Frage, warum die Stelle eigentlich frei ist, zwar offen stellen. Sie werden dann bei den Antworten aber auch auf Zwischentöne achten müssen, gerade wenn es darum geht, dass Ersatz für den bisherigen Stelleninhaber gesucht wird.
  Ist dieser in Ruhestand gegangen oder auf der innerbetrieblichen Karriereleiter aufgestiegen, wird man Ihnen das sicher ohne Vorbehalte sagen.
  Liegt aber ein Wechsel in eine andere Abteilung oder zu einem anderen Unternehmen vor, so sollten Sie besonders aufmerksam hinhören.
  Deutet vielleicht irgendetwas darauf hin, dass mit der Stelle, den Kollegen oder den Vorgesetzten etwas nicht in Ordnung ist? Darauf werden Sie mit ziemlicher Sicherheit keine offene Antwort bekommen, falls wirklich etwas daran ist.
  Ähnliches gilt auch für Fragen zur Geschäftslage, die Sie zwar ebenfalls ganz offen ansprechen können, wo Ihnen aber bei der Antwort auch nicht alles offen verraten werden wird und Sie aus den Untertönen selber Schlussfolgerungen ziehen müssen.

- ***Beobachtungen:*** Manches bekommen Sie auch am besten dadurch heraus, dass Sie sich aufmerksam umsehen, durch eigenes Beobachten also.
  Dazu gehören zum Teil Ihre potenziellen künftigen Mitarbeiter.
  Wenn einer Ihrer Gesprächspartner aus der Fachabteilung stammt, so haben Sie hier zunächst schon einmal Ihre künftige direkte Vorgesetzte oder Ihren Vorgesetzten vor sich und können sich Ihr eigenes Urteil bilden, ob Sie sich eine tägliche Zusammenarbeit vorstellen könnten.

Falls das Gespräch in den Räumen Ihrer künftigen Fachabteilung stattfindet, was gelegentlich der Fall ist, bekommen Sie wahrscheinlich auch einige Ihrer künftigen Kollegen zu Gesicht.
Und Sie können auch einen ersten Eindruck davon gewinnen, inwieweit Ihr künftiger Arbeitsplatz technisch und in puncto Sicherheit und Gesundheitsschutz auf dem von Ihnen gewünschten Stand ist. Gelegentlich sieht ein Vorstellungstermin eine kurze Besichtigung der Abteilung sogar mit vor.
Im ganzen Betrieb können Sie Ihre Antennen auf Empfang stellen, um mitzubekommen: Was herrscht hier für ein Umgangston vor, wie ist die Arbeitsatmosphäre?
Und darüber hinaus können Sie sich, neben einigen Fragen dazu an Ihre Gesprächspartner, auch von der Stadt, in der Sie dann leben würden, einen Eindruck machen.

- ***Verhandeln***: Alles, was die Konditionen eines künftigen Arbeitsvertrages betrifft, kann grundsätzlich ein Thema für Verhandlungen sein.
  Das gilt zunächst einmal für das Gehalt, aber auch für Dinge wie Nebenleistungen, Arbeitszeiten, Eintrittstermin und so weiter. Dazu aber mehr im nächsten Kapitel.

Kenntnisse zeigen

Wenn es im Gespräch um die Stelle, den Betrieb oder die Branche geht, erhalten Sie nicht nur die Gelegenheit, Ihre eigenen Anforderungen abzuklären, sondern Sie können hier auch das wichtige Ziel verfolgen, Ihre Motivation unter Beweis zu stellen. Auf zweierlei Weise:
Erstens können Sie an geeigneter Stelle im Gespräch gezielt Informationen einstreuen, die Sie durch Ihre Vorbereitung gewonnen haben. Gegenüber Gesprächspartnern aus der Fachabteilung sind

dabei Dinge am geeignetsten, die mit der Arbeit und der Branche an sich zu tun haben, gegenüber Gesprächspartnern aus der Personalabteilung oder der Geschäftsführung Informationen im Zusammenhang mit dem Unternehmen oder der Branche als Ganzes. Wenn Sie so den Eindruck vermitteln können, dass hier jemand gescheit mitreden kann, wird das bei Ihren Gesprächspartnern die Meinung festigen, dass Sie sich wirklich für die Stelle interessieren.
Zweitens können Sie den Eindruck, sich bereits intensiv mit Ihrer künftigen Stelle befasst zu haben, auch durch intelligente Fragen wie oben angesprochen unter Beweis stellen. Umgekehrt betrachtet wird man Sie aber auch schlicht und einfach für uninteressiert halten, sollten Sie gar keine Fragen zu Ihrer künftigen Tätigkeit stellen.
Insgesamt werden es Ihre Gesprächspartner als Zeichen Ihrer Motivation werten, wenn Sie zu erkennen geben, dass Sie bereit waren, sich schon vorab intensiv mit der Stelle zu befassen.

Eigenwerbung des Betriebs

In gewissem Umfang wird das Unternehmen das Vorstellungsgespräch auch dazu nutzen, für sich zu werben, sich im besten Licht zu präsentieren.
Diese Werbung für die eigenen Vorzüge wird sicherlich ein gewisses Maß nicht übersteigen, da der Betrieb in aller Regel ja die Auswahl zwischen mehreren Bewerbern hat.
Andererseits ist einer intelligenten Geschäftsführung auch bewusst, dass sie wirklich interessante Bewerber auch für sich gewinnen muss, damit diese nicht etwa zur Konkurrenz gehen.

Ein Vortrag zu Beginn

Und schließlich kann die Eigendarstellung des Betriebs auch ein durchaus menschenfreundliches Motiv haben. Insbesondere Gesprächspartner aus der Personalabteilung stellen mitunter einen kleinen Vortrag über das Unternehmen an den Anfang des Gesprächs. Sie verfolgen damit das Ziel, Ihnen die anfängliche Nervosität etwas zu nehmen und das Gespräch so in Gang zu bringen. In diesem Sinne ist es dann durchaus angebracht, wenn Sie an geeigneter Stelle mit Fragen einhaken.

Kapitel 9

Vertragsverhandlungen

Ziel eines Vorstellungsgesprächs ist letztlich der Abschluss eines Arbeitsvertrags. Beim bisherigen Gesprächsinhalt – Was haben Sie zu bieten? Was hat die Stelle zu bieten? – ging es zunächst darum festzustellen, ob gegenseitiges Interesse an einer Zusammenarbeit besteht. Erst wenn sich dieses abzeichnet, ist es Zeit für das dritte Thema eines Vorstellungsgesprächs, die Bedingungen für eine solche Zusammenarbeit. Damit wird das Feld des Prüfens und Werbens verlassen, und es folgt der Einstieg in Vertragsverhandlungen.

Vieles in den Arbeitsverträgen eines Betriebes ist routinemäßig geregelt. Einige wesentliche Elemente werden jedoch im Gespräch ausgehandelt.

Zu den arbeitsvertraglichen Regelungen, die im Vorstellungsgespräch zum Thema werden können, gehören zum Beispiel die folgenden Punkte:

- Das Gehalt
- Eventuelle Nebenleistungen
- Der Eintrittstermin
- Alles rund um die Arbeitszeit
- Die Probezeit

Im Folgenden einige Tipps zu den Vertragsverhandlungen.

Die Gehaltsfrage

- ***Wer beginnt?*** Es ist unüblich, dass Sie das Thema Konditionen von sich aus ansprechen. Dies gilt vor allem für den Punkt Gehalt, darauf wird gemeinhin der Vertreter des Betriebs das Gespräch bringen. Und dies erfolgt im Allgemeinen erst, wenn sich nach seinem Eindruck abzeichnet, dass eine Zusammenarbeit interessant sein könnte. Dies können Sie wiederum als ein gewisses Zeichen dafür werten, dass Ihre Chancen wohl nicht ganz schlecht stehen. Bei einigen anderen Vertragsbestandteilen ist es allerdings auch in Ordnung, wenn Sie diese von sich aus schon zuvor im Laufe des Interviews ansprechen, vor allem wenn es sich dabei um für Sie entscheidende Fragen handelt. Dies gilt zum Beispiel für Dinge wie die Regelung der Arbeitszeiten oder auch den für Sie frühestmöglichen Eintrittstermin.
  Falls zwei Gesprächsrunden vorgesehen sind, wird in der ersten Vorauswahlrunde das Thema Gehalt allerdings oft noch gar nicht angesprochen, oder nur kurz, um wenigstens zu sondieren, ob eine Einigung überhaupt im Rahmen des Möglichen liegt. Die eigentliche Verhandlung würde dann erst in der zweiten, entscheidenden Gesprächsrunde stattfinden. Wenn Sie mehrere Gesprächspartner haben, ist für Vertragsfragen eher der Vertreter der Personalabteilung Ihr geeigneter Ansprechpartner als Teilnehmer aus der Fachabteilung.

- ***Auftakt:*** Wenn nun Ihr Gesprächspartner das Thema Gehalt anschneidet, kann das im Prinzip auf zwei Weisen geschehen: Entweder macht er Ihnen ein Angebot, oder Sie werden nach Ihrer Vorstellung gefragt. Die jeweils andere Seite muss anschließend auf den Vorschlag reagieren.
  Einfacher ist der Fall, dass Ihnen ein Angebot gemacht wird. Dann haben Sie gleich eine Grundlage, von der Sie bei den folgenden Verhandlungen ausgehen können. Wenn dagegen Sie nach Ihren Gehaltsvorstellungen gefragt werden, sind Sie erst

einmal selber am Zuge. Am besten nennen Sie zunächst eine gewisse Spanne, innerhalb derer sich Ihre Gehaltsvorstellungen bewegen. Damit zeigen Sie Verhandlungsbereitschaft und spielen den Ball Ihrem Gesprächspartner zu, dessen Reaktion Ihnen dann Anhaltspunkte für das weitere Verhandeln gibt. Es ist übrigens verbreiteter, bei dieser Spanne ein gewünschtes Jahreseinkommen anzugeben als ein Monatsgehalt.
Sie sehen jetzt, warum es so wichtig war, sich in der Vorbereitungszeit über eine realistische Gehaltsforderung für diese Stelle zu informieren. Denn sowohl wer abenteuerlich überhöhte Gehaltsvorstellungen nennt als auch, wer mit seinen Forderungen weit unter dem Üblichen liegt, disqualifiziert sich selbst. Denn Ihre Gesprächspartner kommen mit einem recht konkreten Verhandlungsrahmen für die Gehaltsfrage ins Gespräch, wobei auch das bestehende Gehaltsgefüge im Hause berücksichtigt wurde. (Von der Idee, über einen niedrigen Preis die Chancen für die eigene Einstellung fördern zu wollen, ist übrigens abzuraten. Wenn sich jemand als billiger Jakob anbietet, werden die Gesprächspartner skeptisch. Schließlich hat gute Ware ja auch ihren Preis.)

- ***Verhandlung**:* Im weiteren Verlauf des Verhandlungsgesprächs wird sich dann herausstellen, ob sich Ihre gegenseitigen Gehaltsvorstellungen unter einen Hut bringen lassen oder nicht. Bedenken Sie bei Ihren Überlegungen, dass der reine Betrag des Jahresgehalts nicht alles sagt:

- So können Nebenleistungen das Angebot des Betriebes aufwerten, etwa ein Dienstwagen oder günstige Firmenrabatte.
- Ein eher niedrig erscheinendes Grundgehalt kann durch Prämien oder Provisionen zu steigern sein.
- Auch die Aussicht kann interessant sein, dass ein zunächst niedriges Einstiegsgehalt in absehbarer Zeit in fest zugesagten Stufen steigt.

- Gute Sozialleistungen des Betriebes können in die Rechnung mit einbezogen werden, etwa eine Betriebsrente.

Das Ergebnis, auf das Sie sich bei Ihren Verhandlungen im Vorstellungsgespräch geeinigt haben, wird dann in dem schriftlichen Arbeitsvertrag auftauchen, den Ihnen das Unternehmen anschließend anbietet.

Weitere Konditionen

Ähnlich wie das Thema Gehalt lässt sich im Gespräch auch die Frage Ihres frühestmöglichen Eintrittstermins verhandeln. Wenn sich hier aufgrund bestehender Verpflichtungen Ihrerseits Probleme mit dem vom Betrieb gewünschten Antrittstermin abzeichnen, sollten Sie das Gespräch darüber suchen. Sofern genügend Interesse an Ihnen besteht, wird sich eine gemeinsame Lösung finden lassen. Zu beachten ist allerdings, dass Ihnen eine neue Stelle keineswegs das Anrecht gibt, einen bestehenden Arbeitsvertrag etwa vor der Frist zu beenden. Wenn Sie früher aussteigen wollen, müssen Sie eine einvernehmliche Lösung mit dem bisherigen Arbeitgeber suchen.

Kapitel 10

Was ist nach dem Gespräch zu beachten?

Sie haben sich von Ihrem Gesprächspartner oder Ihren Gesprächspartnern mit kräftigem Händedruck verabschiedet, nachdem Sie sich zuvor über das weitere Vorgehen verständigt hatten. Und damit hat für Sie eine Wartezeit voller Spannung begonnen. Was wird das Ergebnis dieser Begegnung sein?

- Im besuchten Betrieb läuft in dieser Zeit der Entscheidungsprozess.
- Dessen Ergebnis besteht für Sie entweder in einer Absage oder aber in einer Zusage. Dann liegt die Entscheidung bei Ihnen.
- Nehmen Sie an, wird ein Arbeitsvertrag geschlossen.
- Erst danach sollten Sie eine bestehende Stelle kündigen.

Und irgendwann wird dann Ihre Tätigkeit in der neuen Stelle beginnen. Auch nach dem Vorstellungsgespräch gibt es also durchaus noch einige Dinge zu beachten.

Der Entscheidungsprozess im Betrieb

- ***Aus Sicht des Betriebes:*** Nachdem Sie sich verabschiedet haben, werden im Betrieb wahrscheinlich noch weitere Vorstellungstermine mit anderen Kandidaten für diese Stelle stattfinden, andere Gespräche haben schon stattgefunden. Im Normalfall werden sich erst, wenn alle Gespräche gelaufen sind, alle Beteiligten im Betrieb zusammensetzen, um eine Entscheidung zu treffen. Dies wird möglichst direkt nach dem letzten Gespräch geschehen, damit die gewonnenen Eindrücke noch frisch sind.
  Grundlage für die Entscheidung über die Stellenvergabe stellen die im Gespräch gewonnenen Eindrücke dar. Auch die vorliegenden schriftlichen Unterlagen werden hier noch einmal mit herangezogen, haben aber jetzt eher die Funktion einer Gedächtnisstütze: »Ach, das war die mit der und der Ausbildung, und das war der mit diesen Eigenschaften.«
  Eine ganz ungeahnte Bedeutung gewinnt jetzt übrigens Ihr Bewerbungsfoto. Eine Bewerbung kann einfach deswegen scheitern, weil sich einzelne Gesprächsteilnehmer nicht mehr an den betreffenden Kandidaten erinnern können, weil der kein Foto beigelegt hatte.

Ergebnis der Besprechung wird die Aufstellung einer Bewerberrangliste sein.

- Die interessanteste Kandidatin oder der interessanteste Kandidat wird dann so schnell wie möglich angesprochen, um einen Arbeitsvertrag anzubieten, oft gleich telefonisch. Denn zum einen soll dic freie Stelle besetzt werden, zum anderen soll auch niemand anderes die interessantesten Bewerber wegschnappen.
- Ebenfalls relativ schnell benachrichtigt werden Kandidaten, deren Profil nach übereinstimmender Auffassung der Teilnehmer überhaupt nicht zur fraglichen Stelle passt.

- Ein wenig hinauszögern wird man möglicherweise die Benachrichtigung der Zweit- oder Drittplatzierten auf der betriebsinternen Rangliste. Solche Kandidaten will man dann sozusagen noch eine Weile »in Reserve behalten«, bis die Wunschkandidatin oder der Wunschkandidat zugesagt hat.

- ***Aus Ihrer Sicht:*** Aus Ihrer Sicht stellt sich dieser betriebliche Entscheidungsprozess als nervtötende Wartezeit dar. Sie kann je nach Organisation des Betriebes wenige Tage bis Wochen dauern. Ihnen stellt sich in dieser Zeit möglicherweise die Frage, ob Sie jetzt noch etwas tun können oder gar sollten.

- Die Idee, nachträglich noch etwas zu den eigenen Gunsten beeinflussen zu können, bringt in der Regel nichts. Der Betrieb hat gesehen, was er wollte, hat damit seine gewünschte Entscheidungsgrundlage und wird alle nachträglichen Einwirkungen tendenziell eher als störend empfinden.
- Nachfragen, ob die Entscheidung schon gefallen ist, bringen in der Regel ebenso wenig, denn im Normalfall wird das Unternehmen die Bewerber schnellstmöglich von sich aus benachrichtigen. Wenn Sie sich allerdings wie empfohlen vergewissert haben, wann mit einer Entscheidung zu rechnen ist, und dieser Termin ist überschritten, dann haben Sie durchaus einen guten Grund anzurufen; es kann ja irgendetwas schief gelaufen sein. Und schließlich gibt es auch noch die eher seltenen Fälle, dass vereinbarungsgemäß Sie selbst sich nach einer bestimmten Zeit erkundigen sollen.
- Ein durchaus nicht ungewöhnlicher Fall ist es schließlich, wenn Sie das Warten auf Zu- oder Absage wegen anderer laufender Bewerbungen in Zeitnot bringt. Auch der näher rückende Kündigungstermin für Ihre bisherige Stelle kann solchen Termindruck mit sich bringen. Dann ist ein Nachfragen sogar zu empfehlen. Rufen Sie den Gesprächspartner an, mit dem Sie sich am besten verstanden hatten. Schildern Sie Ihr Dilemma und ver-

suchen Sie zu einer gemeinsamen Lösung zu kommen. Spielen Sie dabei mit offenen Karten, bleiben Sie sachlich, und vermitteln Sie Ihrem Gesprächspartner nicht den Eindruck, dass Sie ihn einfach nur unter Druck setzen wollen.

- Handlungsbedarf kann sich auch noch aus einer ganz anderen Richtung ergeben. Falls das Vorstellungsgespräch um Ihre eigentliche Lieblingsstelle noch aussteht und Sie bei dem gerade geführten Gespräch eine Zusage »befürchten«, kann sich eine Nachfrage bei Ihrem Wunschbetrieb lohnen, ob sich ein eventuell bevorstehendes Vorstellungsgespräch nicht vielleicht vorziehen lässt.

Das Beste aus einer Absage machen

Sie können den dicken Brief, in dem man Ihnen mit dem Ausdruck des Bedauerns Ihre Unterlagen zurücksendet und viel Glück für Ihre weiteren Bewerbungen wünscht, natürlich einfach enttäuscht beiseite legen.

Sie können aber auch versuchen, aus einer Absage noch Gewinn zu ziehen. Versuchen Sie in Erfahrung zu bringen, woran Ihre Bewerbung gescheitert ist. Sie können daraus viel für Ihre weiteren Bewerbungen lernen.

Der Absagebrief wird Ihnen nie etwas über die Gründe mitteilen, aus denen sich der Betrieb letztlich für einen anderen Bewerber entschieden hat. Das macht zu viel Arbeit. Und außerdem: Sobald man irgendetwas Konkretes schreibt, macht man sich angreifbar und beschwört die Gefahr herauf, dass abgewiesene Bewerber Einwände vorbringen, was jetzt nur noch lästig ist, nachdem die Entscheidung gefallen ist.

Wenn Sie wirklich etwas Konkretes über die Entscheidungsgründe erfahren wollen, müssen Sie also schon das direkte Gespräch suchen.

Falls Sie davor zurückschrecken: Was haben Sie zu verlieren? – Sie haben bereits verloren: Sie haben die gewünschte Stelle nicht bekommen. Bei diesem Betrieb können Sie sich jetzt nichts mehr vergeben. Und nachdem beide Seiten nun schon so viel Aufwand in das Bewerbungsverfahren investiert haben, wird doch dieser kleine Abschlussservice auch noch drin sein. Immerhin gehörten Sie ja zu dem ganz kleinen Kreis der interessantesten Bewerber, die man persönlich kennen gelernt hat. In seltenen Fällen wird ein solches Gespräch sogar angeboten.

Greifen Sie also zum Telefon. Lassen Sie sich mit dem Gesprächspartner verbinden, mit dem Sie sich am besten verstanden hatten. Im Zweifel wenden Sie sich an die Personalabteilung. Dort hat man Erfahrung mit dieser Art von Gesprächen.

Fragen Sie nach den Gründen, die den Ausschlag gegen Ihre und für eine andere Bewerbung gegeben haben. Und machen Sie gleich zu Beginn deutlich, dass es ihnen nicht etwa darum geht, die einmal getroffene Entscheidung zu Ihren Gunsten korrigieren zu wollen. Damit würden Sie Ihren Gesprächspartner nur gegen sich einnehmen, denn die Entscheidung ist unter Absprache aller Beteiligten wohl überlegt gefallen und steht jetzt fest. So aber lässt sich ein Gespräch nun in ganz sachlich entspannter Atmosphäre führen.

Was Sie hier erfahren können, sagt Ihnen vielleicht mehr über Ihre Person, als Sie auf irgendeine andere Weise je erfahren hätten. Vor allem aber werden Ihnen womöglich Fehler bewusst, auf die Sie selbst nicht gekommen wären und die Sie nun bei Ihrem nächsten Gespräch vermeiden können. Zumindest sind Sie nicht länger auf möglicherweise quälende und verunsichernde Mutmaßungen über die Gründe für Ihr Scheitern angewiesen, die Sie womöglich als Belastung mit ins nächste Gespräch tragen würden.

Zum Schluss sei noch angefügt: Es gibt nicht den qualifizierten und den unqualifizierten Bewerber an sich. Qualifikation ist immer bezogen auf eine bestimmte Stelle, in einem bestimmten Team, in einem bestimmten Betrieb. Für eine andere Stelle, für ein anderes

Team, für ein anderes Unternehmen kann wiederum Ihre Qualifikation ganz genau passen. Zumal es oft nur Kleinigkeiten sind, die den Ausschlag für den einen oder anderen Bewerber geben.

Die richtige Entscheidung nach einer Zusage

Sie haben es geschafft. Aufgrund Ihrer Vorstellung erhalten Sie einen Anruf oder einen Brief des besuchten Unternehmens, in dem Ihnen ein Arbeitsvertrag angeboten wird. Das ist in jedem Fall erst einmal ein Erfolgserlebnis. Oder wollen Sie jetzt vielleicht gar nicht mehr? Jedenfalls liegt mit einem Schlag die letzte Entscheidung bei Ihnen. Wenn Sie das Angebot annehmen, wird ein Arbeitsvertrag geschlossen. Es steht Ihnen allerdings auch noch frei, abzulehnen. Es kann aber auch sein, dass die Zusage Sie aufgrund weiterer laufender Bewerbungen in einen Entscheidungskonflikt stürzt. Man wird Ihnen sicherlich ein, zwei Tage Bedenkzeit für Ihre Entscheidung einräumen. Sie sollten allerdings auch schon die Wartezeit vor einer Zu- oder Absage für Ihre Überlegungen nutzen.

- ***Entscheidungskriterien:*** Die beste Grundlage für die Entscheidung, ob Sie eine angebotene Stelle annehmen sollen oder nicht, liefern Ihnen wieder Ihre in der Gesprächsvorbereitung angestellten Überlegungen, welche Anforderungen Sie eigentlich an Ihre zukünftige Stelle stellen. Orientieren Sie sich dabei an Ihren unabdingbaren Anforderungen, weniger an den lediglich wünschenswerten und gar nicht an den kompromissfähigen Bedingungen. Besprechen Sie sich auch mit Personen Ihres Vertrauens, beispielsweise Eltern, Partner, Freundinnen oder Freunde, berufserfahrene Bekannte. Treffen Sie die Entscheidung aber dann selbst.

  Wenn Sie zu dem Entschluss kommen, dass die Stelle Ihre Ansprüche in allen wesentlichen Punkten erfüllt, dann sagen Sie

zu. Doch auch wenn in dem einen oder anderen Punkt noch Zweifel geblieben sein sollten, ist es im Normalfall besser zuzusagen als abzulehnen. (Immerhin lässt sich eine Stelle im allerschlimmsten Fall auch wieder kündigen, besonders leicht während der Probezeit, auch wenn das natürlich alles andere als ideal ist.) Für die meisten Bewerber dürfte jedoch das Motto zutreffen: Besser den Spatz in der Hand als die Taube auf dem Dach. Und gewisse Kompromisse sind eigentlich immer erforderlich. Wenn Ihnen allerdings klar wird, dass diese Stelle Ihren Ansprüchen in den wesentlichen Punkten nicht gerecht wird, dann sagen Sie ab. Wenn abzusehen ist, dass in Zukunft sowohl Sie als auch der Betrieb mit Ihrer Arbeit so unzufrieden sein werden, dass der ganze Bewerbungsaufwand für beide Seiten bald wieder von vorne losgeht, dann hat letztlich keiner etwas davon. Wenn Ihnen übrigens schon vor der Entscheidung des Unternehmens klar ist, dass diese Stelle für Sie nicht in Frage kommt, dann können Sie Ihre Entscheidung dem Betrieb aus Fairnessgründen auch schon früher mitteilen, denn damit kommen Sie sowohl dem Betrieb als auch anderen Bewerbern entgegen.
Sagen Sie allerdings besser keine laufenden interessanten Bewerbungen einzig aus dem Grunde ab, weil Sie eine Zusage erhalten haben. Denn es kann immer noch einiges schief gehen, etwa wenn sich ein Betriebsrat quer legt.

- ***Entscheidungskonflikte:*** Die Situation: Sie erhalten nach dem Vorstellungsgespräch eine Zusage oder Sie gehen davon aus, dass Ihre Chancen sehr gut stehen, und gleichzeitig laufen noch Bewerbungen bei anderen Betrieben, bei denen Sie nach Ihrem gegenwärtigen Informationsstand viel lieber anfangen würden. Vielleicht hat auch dort schon ein Vorstellungsgespräch stattgefunden, aber Sie wissen das Ergebnis noch nicht.
  Wenn Sie in einem solchen Fall noch etwas ausrichten wollen, heißt es in Ihrem Wunschbetrieb anrufen. Wie viel Sie erreichen können, hängt auch von der noch zur Verfügung stehenden Zeit

ab. In dieser Hinsicht sind Ihre Chancen also besser, wenn Sie eine anderweitige Zusage erst »befürchten«, als wenn Sie sie schon haben. Und ebenso sind sie besser, wenn im Wunschbetrieb das Vorstellungsgespräch schon stattgefunden hat, als wenn es noch aussteht.
Sie können versuchen, durch Ihren Anruf die Abläufe im Wunschbetrieb zu beschleunigen. Vielleicht können Sie schon vorab erfahren, wie Ihre Chancen nach einem stattgefundenen Vorstellungsgespräch stehen. Vielleicht lässt sich auch ein noch ausstehendes Bewerbungsgespräch vorziehen. In jedem Fall sollten Sie die Situation genau so schildern, wie sie ist. Sie erklären also, dass eine anderweitige Zusage Sie in Entscheidungsnöte stürzt, versuchen aber nicht, Ihren Gesprächspartner im Wunschbetrieb damit unter Druck zu setzen.
Falls sich auf diese Weise keine verbindliche Zusage Ihres Wunschbetriebs rechtzeitig erreichen lässt, sollten Sie in aller Regel wie oben erläutert die zugesagte Stelle eines »zweitbesten« Arbeitgebers annehmen.
Sollte erst nach einem Vertragsschluss die Zusage eines anderen Betriebes eintreffen, dann ist für eine Lösung das offene Gespräch mit beiden beteiligten Unternehmen erforderlich.

Zum Abschluss eines Arbeitsvertrags

Wesentliche Vertragsbedingungen wie insbesondere das Gehalt haben Sie im Vorstellungsgespräch ausgehandelt. Viele weitere Punkte werden durch routinemäßige Passagen der Arbeitsverträge dcs Betriebes geregelt. Für alle anderen Fragen gelten zunächst die Regelungen der geltenden Tarifverträge. Gibt es keine Tarifverträge, gelten die allgemeinen arbeitsrechtlichen Regelungen.
Vor der Idee, im Gespräch ausgehandelte Bedingungen nachverhandeln zu wollen, ist zu warnen. Sie laufen stets Gefahr, dass das

Unternehmen das Interesse an Ihnen verliert. Etwas anderes ist es natürlich, wenn es um die Ausräumung von Missverständnissen, die Klärung offener Fragen oder die Regelung nicht zentraler Bedingungen geht.

Was sind nun die wichtigsten Punkte, die ein Arbeitsvertrag regelt?

Checkliste:

(☑)

Vertragsparteien:
Das sind Sie und Ihr Arbeitgeber. Beide sollten möglichst genau bezeichnet sein. ☐

Arbeitsbeschreibung:
Je genauer, desto besser. ☐

Weisungsbefugnisse:
Wer hat Ihnen, wem haben Sie etwas zu sagen. ☐

Vergütung: Gehalt und alle ausgehandelten Nebenleistungen und Sondervergütungen. ☐

Arbeitszeit:
Beinhaltet alle Sonderregelungen wie Gleitzeit, Schichtdienst, Überstundenregelung, tägliche und wöchentliche Arbeitszeit, Pausen. ☐

Urlaub:
Ihr jährlicher Anspruch. ☐

Eintrittstermin:
Der Beginn Ihrer Tätigkeit. ☐

Probezeit:
Zeitraum zu Beginn, in dem beide Seiten ohne Angabe von Gründen kündigen dürfen, oft drei bis sechs Monate.
Termine, Fristen und Bedingungen für eine Verlängerung sollten klar sein. ☐

Kündigungsbestimmungen:
Termine und Fristen. ☐

Gültig wird ein Arbeitsvertrag übrigens erst, wenn der Betriebsrat (bei Unternehmen) beziehungsweise der Personalrat (bei Behörden) zugestimmt hat, sofern vorhanden. Kündigen Sie also keinesfalls Ihre bisherige Stelle, bevor Sie den Vertrag nicht rechtsgültig unterschrieben in Händen halten. Sagen Sie deshalb auch keine laufenden Bewerbungen um interessante Stellen ab.

Zur Kündigung einer bestehenden Stelle

Wenn Sie sich aus einer bestehenden Stelle heraus bewerben, dann verdient schließlich nicht nur Ihr neuer, sondern auch Ihr alter Arbeitsvertrag Beachtung. Aus zwei Gründen:

- Kündigen Sie diesen nicht zu früh, damit Sie nicht Gefahr laufen, am Ende ganz ohne Stelle dazustehen.
- Schauen Sie aber auch nicht zu spät in Ihren alten Arbeitsvertrag, damit nicht etwa alles an Ihren Kündigungsfristen scheitert.

- ***Nicht zu früh kündigen:*** Sicher haben Sie die neue Stelle erst, nachdem auch der Betriebsrat beziehungsweise Personalrat des neuen Betriebs, soweit vorhanden, Ihrer Einstellung zugestimmt hat, und Ihnen der Arbeitsvertrag anschließend unterschrieben schwarz auf weiß vorliegt. Diese erforderliche Zustimmung ist die letzte Klippe zwischen der Zusage des Unternehmens und der Gültigkeit des Vertrags. Sie ist normalerweise reine Formsache, zumal Betriebe vernünftigerweise den Betriebs- oder Personalrat meist von Anfang an in das Personalauswahlverfahren mit einbeziehen. Sollte ein Betriebs- oder Personalrat jedoch aus innerbetrieblichen Gründen Einwände erheben, dann hätten Sie das auszubaden. Letztlich fühlt sich ein Betriebs- und Personalrat immer nur den Interessen der Beschäftigten verpflichtet, und dazu zählen Sie bisher noch nicht.

- ***Nicht zu spät daran denken:*** Sie sollten also ihren alten Arbeitsvertrag nicht allzu früh kündigen. Andererseits können Sie gar nicht früh genug daran denken, einmal hineinzuschauen. Wichtig sind in diesem Zusammenhang die Kündigungsbestimmungen. Es gibt Fristen und Termine zu beachten, und vielleicht war Ihnen gar nicht mehr bewusst, dass in Ihrem Vertrag auch etwas über eine automatische Verlängerung der Fristen bei langer Betriebszugehörigkeit stand. Enthält Ihr alter Arbeitsvertrag keine Kündigungsregelungen, dann gelten die gesetzlichen Bestimmungen (Bürgerliches Gesetzbuch). Übrigens sollten Sie in Ihrem alten Betrieb auch besser nichts von Ihren Abwanderungsabsichten herumerzählen.
  Eine neue Stelle gibt Ihnen keinesfalls das Recht, früher aus Ihrem bestehenden Vertrag auszusteigen. Natürlich ist auch, falls gewisse Fristen nicht mehr eingehalten werden können, noch nicht alles verloren. Dann sind jedoch Gespräche erforderlich, sowohl mit Ihrem neuen Arbeitgeber (vielleicht lassen sich ja Formalitäten beschleunigen, wenn ein Kündigungstermin überschritten zu werden droht) als auch mit Ihrem alten Arbeitgeber (bei dem Sie allerdings auf guten Willen angewiesen sind). Letzteres ist wiederum nicht von vornherein hoffnungslos. Denn normalerweise macht es für einen Betrieb wenig Sinn, einen abwanderungswilligen Mitarbeiter, der innerlich den Betrieb schon verlassen hat, zum Bleiben zu zwingen. Vergessen Sie aber nicht, dass Sie bei versäumten Kündigungsfristen keine starke Verhandlungsposition haben. Wenn Sie einfach gehen, machen Sie sich schadensersatzpflichtig.

Die wichtigsten Tipps im Schnelldurchgang

Checkliste:

So sollten Sie am Tag des Vorstellungsgesprächs vorbereitet sein:

(☑)

Ihr Angebot:
Sie haben Ihre Qualifikationen für die Stelle in allen Einzelheiten klar im Kopf: Ausbildung (Schule, Dienstzeiten, Lehre, Studium), praktische Erfahrungen, Zusatzqualifikationen, besondere Kenntnisse und Fähigkeiten, persönliche Eigenschaften, Freizeitaktivitäten, persönliche Kontakte. ❑

Ihre Schwachstellen:
Für den Umgang mit Ihren Schwachstellen haben Sie eine Strategie entwickelt. ❑

Ihre Anforderungen:
Sie sind sich über Ihre unabdingbaren Anforderungen im Klaren, die erfüllt sein müssen, damit Sie die Stelle annehmen würden. ❑

Information:
Sie haben Ihre Informationen über Branche, Betrieb und Stelle bestmöglich vertieft. ❑

Ihre Fragen:
Sie haben die Fragen zusammengestellt, am besten sogar schriftlich, die Sie im Gespräch unbedingt klären müssen. ❑

Übung:
Sie haben den zielgerichteten Vortrag Ihres Lebenslaufs und einzelner besonders wichtiger Stationen geübt. ❑

Checkliste:

So sind Sie am Gesprächstag in praktischer Hinsicht gut vorbereitet: (☑)

Gesprächspartner:
Sie wissen, wer Ihre Gesprächspartner sein werden. Sofern Ihnen das liegt, haben Sie sogar schon Kontakt aufgenommen. ☐

Pünktlichkeit:
Sie haben Ihre Anreise so geplant, dass Sie pünktlich ankommen. ☐

Kleidung:
Sie haben Ihre Kleidung so gewählt, dass sie sowohl zur Stelle passt als auch zu Ihnen und dabei der Bedeutung des Anlasses angemessen ist. ☐

Unterlagen:
Sie haben Ihr Einladungsschreiben dabei, Ihre Fragenliste und etwas zum Schreiben. Falls ausdrücklich besondere Unterlagen angefordert wurden, natürlich auch diese. ☐

Checkliste:

Behalten Sie bei Ihren Antworten auf Fragen die folgenden Ziele im Kopf: (☑)

Nutzen versprechen:
Wenn Sie nach Erfahrungen aus Ihrem Werdegang gefragt werden, antworten Sie zielgerichtet. Schildern Sie nicht folgsam-langweilig Daten und Fakten, sondern denken Sie daran, dass der Betrieb hier etwas über nützliche Qualifikationen für die Stelle hören möchte. ☐

Motivation zeigen:
Ihre Gesprächspartner sind sehr an Begründungen für Ihre Entscheidungen auf dem Lebensweg interessiert. Denken Sie daran, dass Ihre Antworten erkennen lassen sollten, warum Sie sich um diese Stelle bewerben. Am besten sollten Sie Ihrem Lebensweg einen roten Faden unterlegen, der folgerichtig zu dieser Stelle führt. ☐

Glaubwürdigkeit:
Alle Ihre Aussagen müssen für einen Außenstehenden, der Sie nicht persönlich kennt, plausibel und glaubwürdig wirken. ☐

Checkliste:

So erleichtern Sie es Ihren Gesprächspartnern, Sie sympathisch zu finden:	(☑)
Finden Sie Ihre Gesprächspartner sympathisch.	❑
Halten Sie Blickkontakt.	❑
Beziehen Sie alle Anwesenden ein.	❑
Zeigen Sie einen freundlichen, offenen Gesichtsausdruck.	❑
Antworten Sie bereitwillig, hören Sie gut zu. Sprechen Sie laut und deutlich.	❑
Bleiben Sie unter allen Umständen ruhig und sachlich, lassen Sie sich nicht provozieren, reagieren Sie nicht gefühlsmäßig, setzen Sie immer auf sachliches Erklären.	❑

Checkliste:

Sie müssen im Gespräch eine aktive Rolle spielen:	(☑)
Werben: Achten Sie darauf, alle Qualifikationen auch wirklich ins Gespräch einzubringen, die Sie für Ihre stärksten Argumente in der Bewerbung um diese Stelle halten.	❑
Fragen stellen: Sie müssen einige Fragen zu Ihrer künftigen Tätigkeit stellen, sonst nehmen es Ihnen Ihre Gesprächspartner nicht ab, dass Sie wirklich an der Stelle interessiert sind.	❑

Checkliste:

Für den Umgang mit Ihren Schwachstellen sind die folgenden Strategien möglich: (☑)

Verschweigen:
So lange Sie nicht gefragt werden, muss manches nicht unbedingt thematisiert werden. ❑

Dazu stehen:
Wenn Schwachstellen angesprochen werden, sollten Sie die Verantwortung für Ihre Entscheidungen übernehmen. ❑

Ersatz anbieten:
Sie können dann versuchen, vermeintliche Mängel durch andere Qualifikationen auszugleichen. ❑

Erklären:
Oder Sie können versuchen, heikle Punkte sachlich nachvollziehbar zu erklären. ❑

Niemals aber lügen:
Vor Lügen bei nachprüfbaren Fakten muss dringend gewarnt werden. Bei Begründungen für Ihre Entscheidungen ist jedoch nur wichtig, dass sie glaubwürdig klingen. ❑

Viel Erfolg!